O QUE É SER

maestro

Outros títulos da série:

O QUE É SER FONOAUDIÓLOGA
MEMÓRIAS PROFISSIONAIS DE GLORINHA BEUTTENMÜLLER
EM DEPOIMENTO A ALEXANDRE RAPOSO

O QUE É SER MÉDICO
MEMÓRIAS PROFISSIONAIS DE PAULO NIEMEYER FILHO
EM DEPOIMENTO A LILIAN FONTES

O QUE É SER

m a e s t r o

Memórias profissionais de
Isaac Karabtchevsky

em depoimento a
Fátima Valença

EDITORA RECORD
RIO DE JANEIRO • SÃO PAULO

2003

CIP-Brasil. Catalogação-na-fonte
Sindicato Nacional dos Editores de Livros, RJ.

K27o Karabtchevsky, Isaac, 1934-
O que é ser maestro: memórias profissionais / de Isaac Karabtchevsky; em depoimento a Fátima Valença. – Rio de Janeiro: Record, 2003.
. – (O que é ser)

Inclui bibliografia
ISBN 85-01-06666-4

1. Karabtchevsky, Isaac, 1934-. 2. Regentes (Música) – Brasil – Biografia. 3. Regência (Música). I. Valença, Fátima. II. Título. III. Série.

03-0629

CDD – 927.8163
CDU – 929KARABTCHEVSKY

Copyright © Isaac Karabtchevsky e Fátima Valença, 2003

Capa e projeto gráfico: PORTO + MARTINEZ

Direitos exclusivos desta edição reservados pela
DISTRIBUIDORA RECORD DE SERVIÇOS DE IMPRENSA S.A.
Rua Argentina 171 – Rio de Janeiro, RJ – 20921-380 – Tel.: (21) 2585-2000

Impresso no Brasil

ISBN 85-01-06666-4

PEDIDOS PELO REEMBOLSO POSTAL
Caixa Postal 23.052
Rio de Janeiro, RJ – 20922-970

EDITORA AFILIADA

SUMÁRIO

Apresentação 7

Parte 1 – Profissão: regente
Momento de decisão	11
Terra à vista	14
Brincando de ser maestro	17
Juventude Musical Brasileira	20
O sonho socialista	22
O canto coral	26
Os anos dourados	30
O chamado da música	35
Em busca do tempo perdido	39
O músico e o maestro	42
O fantasma da guerra	44
O poder do gesto	48
Arte e política	52
O vislumbre da atonalidade	57
Frases e andamentos	60
Ecletismo	62
O primeiro emprego	65
A primeira orquestra	67
Popular e erudito	73
Orquestras e crises	76
Orquestra Sinfônica Brasileira: o sucesso da maior orquestra do Brasil	79
Tempestade no horizonte	82
Lembranças e despedidas	84
Vocação lírica	87
Ópera, a arte total	91

Um salto no escuro	96
Comando: uma questão de exercício	99
Veneza: água e fogo	101
Concertos sob a lona	105
Solistas e *premières*	107
Estrelas temperamentais	112
Mestre Karabtchevsky	115
Talento, técnica e determinação	120
Tecnologia: perfeição e frieza	126
No mundo dos *chips*	128
França, 2004	129

Parte 2 – Questão de ética

Clássico e passional	135
Um chá com Nureyev	138
A crítica e o artista	141
Responsabilidade comunitária	143
Qualidade, o melhor critério	145
A relação com a orquestra	147
Bibliografia	151
Instituições de ensino	153

APRESENTAÇÃO

No início dos anos setenta, quando assumiu a batuta da Orquestra Sinfônica Brasileira, Isaac Karabtchevsky popularizou a música clássica de tal maneira que seu nome, entre nós, tornouse praticamente um sinônimo desse estilo de música. Há alguns anos, sua carreira internacional, que o levou a Viena, Veneza e agora Nantes e Angers, na França, limitou sua presença nos palcos nacionais a raras apresentações. Mas esse artista "nascido num país tropical, de origem russa, judaica e de tradição alemã e francesa" adora o Brasil e não conseguiria passar muito tempo longe de uma orquestra brasileira. Como o afeto é recíproco, mal acabou de contar sua história, assumiu, também, o comando da Orquestra Sinfônica de Porto Alegre. Sorte a deles.

Foram sete encontros, sete tardes de sol em que o maestro, em seu estúdio no alto da Gávea, refez sua trajetória profissional. Enquanto lá fora seus pássaros cantavam e os cachorros latiam, em participação especial, aquele que é considerado o maior regente brasileiro da atualidade voltava no tempo, desvendava os segredos da sua profissão e iniciava essa aprendiz de biógrafa nos mistérios das sinfonias, óperas e mestres da música. Para mim, foi uma descoberta. Sinto que para você também será assim, leitor — seja você um iniciado ou um iniciante.

Fátima Valença

PARTE 1
PROFISSÃO: REGENTE

MOMENTO DE DECISÃO

Eu estudava num curso técnico no Colégio Mackenzie, em São Paulo, e durante uma aula de História ou Geografia, não lembro, estava completamente distante, em outra dimensão, fazendo exercícios de contraponto e harmonia. Sem que eu percebesse, o professor veio por trás de mim e me surpreendeu. Pôs a mão no meu ombro e disse, num tom bem grave:

— Karabtchevsky, seu lugar não é aqui.

Eu me refiz do susto, olhei para ele e agradeci:

— Muito obrigado, professor. — E nunca mais voltei.

Esse foi o chamado *turning point*, o momento decisivo. No dia seguinte, pedi para sair do colégio e fui estudar música de manhã à noite, em tempo integral. Isso foi em 1953, 1954, e eu tinha 21 anos. Com essa idade, eu teria que correr muito se quisesse absorver todas as matérias que ainda me faltavam para ser um músico de verdade. Eu deveria ter começado pelo menos dez anos antes.

Então estabeleci para mim mesmo uma militância integral em relação à música. Ou seja, eu vivia na escola de música. Chegava lá às oito da manhã e saía às dez da noite. Todos os dias, durante quatro anos. Uma vida de padre, na mais hermética concentração. Essa disciplina, que foi moldada ao longo desses anos, não me abandonou pelo resto da vida. Ela simbolizava a minha consciência de ter que galgar etapas, recuperar o tempo perdido por meio do meu esforço pessoal. Essa consciência e essa determinação são até hoje um marco dentro da minha atividade musical. Eu nunca tive as coisas fáceis. Elas foram conquistadas com esforço. E esses primeiros anos, de 1953 a 1958, quando eu fui para a Alemanha estudar, foram anos decisivos, que moldaram não apenas a minha vocação, mas o meu estilo de vida.

Quando eu era adolescente, eu não pensava em estudar música, mas minha mãe já intuía qualquer coisa e me inscreveu no curso de piano. Só que nós não tínhamos dinheiro para comprar um. Então eu era obrigado a praticar na casa da professora, o que, convenhamos, era um sistema bastante rudimentar. Eu ficava dependendo dela para estudar. Todas as vezes que eu queria tocar, tinha que ir à casa dela. Algum tempo depois, claro, eu já havia exaurido completamente o meu interesse pelo instrumento.

Foi quando o meu irmão Samuel, que nessa época estava estudando Medicina, resolveu me comprar um oboé, o meu primeiro instrumento de verdade. Isso porque, quando eu ouvia o som do oboé nos discos que a minha mãe tocava em casa, ficava completamente fascinado pela sua sonoridade. "Que instrumento bonito é esse?", eu perguntava. "Parece um pastor tocando." "É um instrumento de sopro, de palheta dura", respondia minha mãe. "Feito de ébano, uma madeira especial, que tem essa sonoridade rústica, pastoril." De certa maneira, fui atraído por esse elemento romântico da sonoridade do oboé.

Nessa mesma época, meus irmãos estudavam clarinete e fagote. O fato de termos sido atraídos por instrumentos de sopro é perfeitamente compreensível: em termos financeiros, eles eram muito mais acessíveis que um piano, que custava bem mais caro. Além do mais — inconscientemente nós havíamos percebido isso —, o instrumento de sopro era o equivalente em música ao canto. Ele também usava o diafragma, também era exercitado por meio do sopro — exatamente como a voz. Veja só o vínculo do meu primeiro instrumento musical com a voz humana. Ambos usavam o diafragma como elemento de sustentação da nota; ambos usavam o sopro como elemento de formação da nota. A mesma técnica que você usa para cantar, você usa para tocar um instrumento de sopro. O princípio é exatamente o mesmo: apoio no diafragma, sustentação da nota e emissão através da coluna de ar. Só que, enquanto no canto você usa as cordas vocais, no oboé, no fagote, no clarinete, você se utiliza dos recursos do próprio instrumento.

Não tenho dúvida de que minha mãe foi uma figura central dentro da minha formação e da minha vocação artística. Ela era *mezzo-soprano*[1], estudava canto no Conservatório. Chegou inclusive a cantar na Ópera de Kiev. Quando ela veio para o Brasil, trouxe na bagagem um repertório muito bom. Costumava ouvir ópera, música barroca e renascentista em velhos discos de 78 rotações. Em São Paulo, na Vila Mariana, onde morávamos, tinha aulas de canto e fazia recitais privados, na casa das pessoas e até em teatros.

Meu pai, que seguiu a carreira de comerciante, nutria um ciúme profundo das apresentações dela. Acho que, como ele se sentia frustrado, fracassado, sem o menor talento para a profissão escolhida, ficava extremamente inseguro com as audições da minha mãe. Mas era a natureza dela, que provinha de uma família musical e adorava cantar. Ainda me lembro da dona Geny cantando "Habanera", da ópera "Carmen"[2]. Foi escrita em francês, mas minha mãe cantava em russo.

Foi com ela que eu assisti à minha primeira ópera: "La Traviata", de Verdi[3]. Nunca vou esquecer o arrebatamento que eu

---

[1] Voz feminina que se situa entre o timbre mais agudo, soprano ligeiro, e o mais grave, contralto.

[2] Ópera cujo libreto foi extraído da novela de Prosper Mérimée. O compositor, Georges Bizet, morreu aos 37 anos, profundamente deprimido com o fracasso de sua obra-prima operística, "Carmen", hoje um dos maiores sucessos do teatro lírico francês. Passada em Sevilha, Espanha, conta a história de Don José, cabo da cavalaria seduzido e abandonado por uma cigana apaixonada, mas volúvel.

[3] Baseada na peça "A Dama das Camélias", de Alexandre Dumas Filho, "La Traviata", de Verdi, conta a história de Violetta, uma cortesã que se apaixona por um burguês, Alfredo. Pressionada pelo sogro, Violetta sacrifica o seu amor em nome da honra familiar e retorna à sua vida mundana. Quando o pai revela a verdade a Alfredo, ele volta a procurar a amante, mas é tarde demais. Apesar do seu sucesso posterior, "La Traviata" fracassou na sua estréia em Veneza, em março de 1853.

senti naquele dia. Eu tinha oito anos de idade e ela me levou pela primeira vez ao Santana, um teatro paulista que nem existe mais. Lá se faziam óperas. Foi um momento inesquecível. Eu costumava ouvir as árias de "La Traviata" na voz da minha mãe, mas nunca tinha visto uma ópera ao vivo, de perto. Foi fascinante.

A primeira imagem da minha infância, aquela que eu evoco com mais freqüência, é a da minha mãe respirando profundamente numa janela, com a mão no diafragma. Como ela era cantora, vivia fazendo exercícios para desenvolver esse músculo, que é fundamental ao canto, aos instrumentos de sopro e, mais tarde eu iria perceber, fundamental para a regência.

Essa era a lembrança visual. A lembrança auditiva eram os sons que ela produzia nos seus estudos de canto. O dia todo. Eu nasci cercado desses sons e da atração primeira que eu tive pela voz. A voz se revelou para mim um instrumento primordial, porque não há nada que se compare a ela. Qualquer instrumento — seja de sopro, de corda, de metal — procura a perfeição, tentando igualar os seus recursos técnicos à vocalidade. A voz é o instrumento mais perfeito. Quanto mais um instrumento tocado pelo homem se aproxima do poder da expressão vocal, mais perfeito ele será. Foi através da voz que eu desenvolvi a minha percepção das coisas e consegui construir os primeiros passos da minha sensibilidade musical.

TERRA À VISTA

A história da minha família é a saga de praticamente todas as famílias judaicas que foram obrigadas a emigrar diante da violência e das perseguições a que foram submetidas na Europa, especialmente pelos cossacos após a revolução russa. Os cossacos eram campesinos, gente do povo, a maioria de origem eslava. Colonos fugidos dos contratos de servidão, que recebiam doações de terra dos czares em troca da obrigação de defender as fronteiras do seu país. Eram conhecidos como hábeis cavaleiros e guerreiros ferozes e cruéis.

Depois da revolução comunista de 1917 na Rússia, eles foram responsáveis pelos chamados *pogroms*, massacres de judeus[4]. Não creio que tivessem qualquer motivação ou poder político. Eles não estavam a serviço de ninguém, mas eram declaradamente antisemitas, visavam aos judeus. Invadiam as casas das pessoas depredando tudo, matando e torturando quem quer que fosse.

Uma das lembranças mais marcantes da minha infância é a da minha mãe contando, repetidamente, como eles tinham que fugir e se esconder cada vez que ouviam o tropel dos cavalos cossacos chegando. Naquela época, todos os lares judeus eram construídos com entradas secretas e porões, onde as famílias se escondiam e tentavam defender suas vidas.

Em 1923, seis anos depois da revolução russa, a família da minha mãe já tinha perdido praticamente tudo. Depois da morte da minha avó, vítima de tifo, eles pensaram em seguir o conselho de um dos meus tios, que fora estudar Engenharia nos Estados Unidos e freqüentemente escrevia perguntando por que eles não fugiam para lá. Mas a minha família era pobre, não tinha recursos. O jeito foi esperar pelo dinheiro das passagens de navio que o meu tio finalmente conseguiu enviar.

Mas não era fácil deixar a Rússia. As fronteiras eram todas vigiadas. Para que eles pudessem escapar — minha mãe, seu pai e seus irmãos — teriam que subornar os guardas comunistas. Mas como, se não tinham jóias, dinheiro, não tinham nada? Seu único pertence, o único objeto valioso que a minha mãe tinha à disposição, eram os métodos de canto do Conservatório de Kiev,

---

[4]Movimentos populares de violência contra os judeus. Três grandes ondas de *pogroms* marcaram as crises atravessadas pelo Império Russo. A mais brutal ocorreu entre 1917 e 1921, durante a revolução e a guerra civil, matando cerca de 60 mil judeus.

onde ela estudava. E foi isso que ela ofereceu em troca da sua liberdade, aos 23 anos de idade.

A viagem foi uma verdadeira odisséia e, ao contrário das expectativas, eles não foram para os Estados Unidos, onde o meu tio já se encontrava. Como não conseguiram o visto de entrada naquele país, navegaram em direção ao sul, rumo ao Brasil, onde finalmente chegaram, por obra e graça do Espírito Santo.

A idéia inicial era participar de uma recém-fundada comunidade agrícola no Rio Grande do Sul, que, segundo o meu tio dizia nas cartas, estava atraindo inúmeros judeus. Era uma forma de radicar o povo à terra. A história do povo judeu é uma história citadina, basicamente desenvolvida e consolidada em cidades. A prática agrícola não é uma característica do povo judeu europeu, da Europa Central, a não ser de pequenas comunidades, bolsões da Polônia, da Rússia e da Ucrânia. Essa retomada, esse resgate de uma atividade agrícola original, que remonta à Bíblia, só se estabelece a partir da consolidação do Estado de Israel, criado em 1948[5]. Foi a partir daí que as comunidades agrícolas afloraram, fechando um grande círculo, atraindo inclusive meus irmãos. Mas essa é uma outra história, vou chegar lá.

Foi essa a idéia que fez meu avô optar pelo Brasil. Eles vieram para cá com a intenção de trabalhar nas terras destinadas aos judeus que conseguiram escapar das perseguições anti-semitas. Só que, antes de chegar ao Rio Grande do Sul, pararam em São Paulo, no porto de Santos, e, por alguma razão que eu desconheço, foi lá que eles resolveram ficar.

Em São Paulo, minha mãe e meu pai se conheceram, se casaram e tiveram seus três filhos, Samuel, José Leão e Isaac. Felizmente, eu tive a sorte de nascer no Brasil e agradeço a Deus por ter empurrado os meus pais para cá. Um país que não conheceu

---

[5] O Estado de Israel foi fundado em 14 de maio de 1948, de acordo com uma resolução da Assembléia Geral da Organização das Nações Unidas (ONU), criando na Palestina um Estado árabe e outro judeu, e transformando Jerusalém, a capital israelense oficial, em zona internacional.

nem de longe os imensos sacrifícios aos quais toda a minha família foi submetida em seus países de origem.

Meu pai, Salomão, veio da União Soviética, de uma região contestada, entre a Polônia e a Rússia, e a minha mãe, Geny, veio da Ucrânia, de Kiev. As comunidades judaicas espalhadas por toda a Europa Central eram recheadas de antagonismos e profundas tristezas. Quando eles chegaram ao Brasil, em ocasiões diferentes, o sentimento de dor, de mágoa e de frustração era muito grande. Perseguidos e estigmatizados pelos *pogroms*, haviam perdido tudo o que possuíam em suas terras de origem. Precisavam criar novas raízes.

Embora eles só fossem se conhecer aqui no Brasil, meu pai também havia deixado a sua terra da mesma maneira que a família da minha mãe. Os detalhes possivelmente foram outros, mas o sentimento era exatamente o mesmo. O impulso de partir em direção a uma nova vida, uma nova terra, foi comum aos dois.

A coisa interessante, embora na época mal pudessem se dar conta disso, é que alguns anos depois eles iriam retornar à terra dos seus ancestrais, que escaparam da antiga Palestina, a antiga Israel, e foram morar na Rússia, em busca de uma vida melhor. Ou seja, mais tarde, na década de 60, quando eles tornaram a emigrar, dessa vez para viver numa comunidade agrícola em Israel, onde meus irmãos já se encontravam, eles iriam reviver esse ciclo histórico. Não é impressionante como tudo se encaixa?

BRINCANDO DE SER MAESTRO

Quando comecei a estudar oboé eu era adolescente, tinha uns dezesseis anos. Mas já no primário, na escola francesa que eu freqüentava, o Liceu Pasteur de São Paulo, comecei a cantar em coral e a "reger". E "reger" eu faço questão que seja entre aspas, porque eu não tinha a menor idéia do que era regência. Mas algum impulso dentro de mim — um impulso importante, decisivo dentro da minha formação — me impelia diretamente à regência.

Eu tinha uma voz de soprano — que, aliás, eu mantenho até hoje, não sei que milagre, que fenômeno estranho me dotou com esse tipo de voz. Posso cantar como se fosse um soprano. Graças a essa peculiaridade, um dos meus professores — lembro-me perfeitamente dele, chamava-se David Reis — me colocava em diversas vozes: primeira, segunda, terceira, quarta. Foi no coro desse maestro que eu comecei a intuir a técnica de cantar em conjunto.

Naquela época, o canto coral era matéria obrigatória. Infelizmente, com a revolução de 1964, ele foi banido do currículo escolar junto com as chamadas matérias artísticas. Isso prejudicou muito a sensibilidade do jovem estudante, que hoje não conta mais com esses recursos. Lamento até hoje que ele tenha sido completamente alijado, porque sem dúvida era um centro de formação e de revelação de novos talentos.

Foi Villa-Lobos, convidado pelo então presidente Getúlio Vargas, quem implementou e definiu toda a parte teórica do canto orfeônico nas nossas escolas do ensino fundamental, na época denominadas de primeiro grau. Foi ele quem ditou as leis de ensino do canto orfeônico, do qual foi um dos maiores expoentes aqui no Brasil[6]. Escreveu muitas composições para que os jovens cantassem nas escolas. E, para facilitar o ensino do ritmo, da notação musical e da regência de corais, criou o sistema de sinais manossolfa, em que os dedos das mãos, em diversas posições, representam as notas musicais, orientando a técnica de solfejo.

---

[6] O canto orfeônico representa o canto coral *a capella* (obra ou trecho vocal sem instrumentos), e foi uma tradição do século XIX em quase toda a Europa. No Brasil, era praticado desde 1912, mas somente a partir do trabalho do compositor e regente Heitor Villa-Lobos ganhou alcance e relevo.

Acredito que a minha formação familiar, o contato com a música dentro de casa e a prática do canto, ainda que irregular, na escola primária, foram elementos que moldaram a minha vocação. Depois que eu saí do Liceu Pasteur, fui para um colégio público em frente a minha casa. Não lembro o nome dele, mas ficava na Rua Dona Júlia, na mesma Vila Mariana, bairro onde sempre moramos em São Paulo. Foi nessa escola que o professor me pediu para "reger" o coral.

Para desempenhar minha primeira "regência", tive que subir numa cadeira, porque eu era pequenininho. Do alto daquele "pódio", comecei a trabalhar as vozes. Como eu não sabia música, inventava o que cada voz deveria fazer. Depois mandava todo mundo cantar junto — e dava certo! Eu conseguia um resultado harmônico! Só que, no dia seguinte, quem disse que eu lembrava da voz de cada um? Eu tinha esquecido tudo o que havia ensinado! O problema é que eu ainda não possuía a capacidade de escrever aquilo que tinha composto, então o jeito era criar uma nova voz para cada naipe. Chegava no ensaio seguinte e dizia: "Olha, gente, agora é assim, assim e assim." Ou seja, fazia quatro vozes completamente diferentes — mas que davam certo do mesmo jeito!

Um dos meus primeiros arranjos vocais foi para o hino "Deus salve a América": "Deus salve a América / Terra de amor / Verdes mares / Florestas / Lindos campos abertos em flor."

Como é que eu fazia? Eu conhecia a primeira voz e construía as outras baseadas na melodia. E aí eu criava à vontade, era uma fantasia só. Parece que eu estou me vendo agora, "regendo" em cima de uma cadeira, para poder alcançar todas as vozes, para que todos me vissem "reger".

Claro que a minha "regência", o meu conceito de gestual, era puramente intuitivo. Eu seguia com as mãos o movimento da linha melódica. Se ela era crescente, a minha mão crescia junto; decrescente, a minha mão abaixava. Se eu queria fazer uma frase mais bonita, criava um gesto com a mão que evocasse aquele movimento melódico. Essas foram realmente as etapas elementares de uma gestualidade que eu viria a construir muito mais tarde, por meio do estudo no Conservatório, com a orientação de professores especializados.

JUVENTUDE MUSICAL BRASILEIRA

Comecei a estudar oboé com o professor Walter Bianchi, uma figura igualmente importante nessa época da minha vida, 1952. Cinqüenta anos atrás. Depois continuei os estudos no Museu de Arte Moderna de São Paulo, que tinha uma orquestra sinfônica, na qual eu toquei o segundo oboé durante uns três anos.

Nos anos 50 existiam movimentos musicais fortíssimos aqui no país, como a Juventude Musical Brasileira, que contemplava os jovens músicos realizando concursos para a escolha de solistas. Esse movimento, promovido pela *jeunesse* musical de Bruxelas e idealizado pelo Marcel Cuvellier, tinha ramificações em todo o mundo, e aqui no Brasil era dirigido pelo maestro Eleazar de Carvalho[7].

Ainda sem saber que um dia eu viria a ser um regente sinfônico, me inscrevi num desses concursos e ganhei o primeiro lugar. Como prêmio, o direito de tocar pela primeira vez com a

---

[7] O cearense Eleazar de Carvalho (1912-1996) regeu a Orquestra Sinfônica de Boston, as Filarmônicas de Viena e de Israel, a Sinfônica de Saint Louis e algumas das orquestras importantes da França, da Bélgica e da Itália. No Brasil, foi diretor artístico e regente da OSB e das Sinfônicas de Porto Alegre, Recife e Paraíba. De 1972 até sua morte, aos 84 anos, foi o titular da Orquestra Sinfônica do Estado de São Paulo.

Orquestra Sinfônica Brasileira, da qual eu viria a ser titular dezesseis anos depois. Veja você como são as coisas.

Eu estou falando de 1954. Quer dizer, dois anos depois de começar a estudar oboé, eu já estava dando concerto como solista da Sinfônica Brasileira. Foi bem rápido. Também eu estudava muito. Mesmo assim, fiquei bastante nervoso na hora da apresentação. Meus pais, meus irmãos, meus tios, estava todo mundo lá. Era a primeira vez que eu vinha ao Rio fazer um concerto. O concurso me pagou a passagem de ônibus e a hospedagem num hotel no centro da cidade, que eu já nem sei se existe mais. Chamava-se Ambassador, um hotel muito bom.[8]

Só saía de lá para ensaiar. O maestro era o austríaco Felix Prohaska, grande regente. Foi com ele que eu dei o meu primeiro concerto como solista da Sinfônica Brasileira no palco do Cine Teatro Rex[9]: o "Concerto para Oboé e Orquestra", de Cimarosa[10]. Dois anos mais tarde, voltei a fazer esse mesmo concurso e ganhei novamente o primeiro lugar. Só que, dessa vez, a apresentação foi no Teatro Cultura Artística de São Paulo. O mesmo concerto, a mesma orquestra, mas já sob a regência do maestro Eleazar de Carvalho.

---

[8] O Hotel Ambassador fica na Cinelândia. Na década de 50 foi residência de muitos políticos e artistas. Foi lá que, em outubro de 1956, numa mesa do famoso Juca's Bar, comandado pelo humorista e compositor Juca Chaves, foi rabiscado o esboço do "palácio de tábuas" que viria a ser a residência provisória do presidente Juscelino Kubitschek, em Brasília: o Catetinho.

[9] Construído em janeiro de 1934 na Cinelândia, ao lado do Teatro Rival, o Cine Teatro Rex fez sucesso nos anos 40 e 50. Com 1.900 lugares, exibia, além de filmes, espetáculos de música e teatro.

[10] Domenico Cimarosa, filho de pai pedreiro e mãe lavadeira, nasceu em dezembro de 1749, numa aldeia próxima a Nápoles, Itália. Compôs dezenas de óperas, a maioria delas cômicas, que o transformaram em um dos compositores mais populares de sua época. Entre elas, "O casamento secreto", sua obra mais famosa.

O SONHO SOCIALISTA

A consolidação do Estado de Israel, em 1948, foi um acontecimento que mexeu com a juventude judaica no mundo inteiro. Pela primeira vez após o holocausto, após a barbárie da Segunda Guerra Mundial, dos campos de concentração, do aniquilamento de um povo, se firmava um conceito político para a resolução do problema da absorção do povo judeu como raça, ligado a uma terra. Quer dizer, não mais vagando pelo mundo, mas estabelecido num lugar que simbolizasse sua ligação histórica e afetiva com um pedaço de terra. O fato de ter sido Israel foi importante, porque foi de onde verdadeiramente se originou o povo judeu. Foi em Israel que o povo judeu veio ao mundo. Lá se estabeleceram os primeiros laços históricos que refletiam essa ligação profunda entre a religião e a terra.

Essa idéia comoveu os jovens judeus em todo o mundo — e eu não podia ficar imune a esse sentimento. Entrei num movimento sionista socialista chamado Dror. Embora o principal objetivo do sionismo fosse o retorno a Sion, a terra dos nossos antepassados, a proposta do Dror era não só o retorno a Israel, mas também a criação, dentro da nova terra, de um modelo de sociedade socialista primitiva que refletisse os ideais dos antigos essênios bíblicos, uma das primeiras sociedades comunistas que se conhece. Os essênios viviam livres, trabalhando em comunidade e vivendo do que produziam[11].

Era isso o que mais me atraía em direção a Israel: não apenas a emigração para um novo país, mas a emigração aliada a uma nova

---

[11] Embora não exista nenhum documento que comprove esse fato, alguns estudiosos acreditam que Jesus teria vivido entre os essênios dos 13 aos 30 anos de idade. Os essênios se tornaram conhecidos no final da década de 40, a partir da descoberta de uma série de pergaminhos encontrados numa fenda entre duas rochas nas encostas do Mar Morto. Escritos em três idiomas — hebreu, aramaico e grego —, entraram para a história com o nome de Manuscritos do Mar Morto.

experiência de vida, numa comunidade agrícola comunitária, onde não existia propriedade privada. A base era o *kibutz*, uma estrutura econômico-social que pregava a igualdade e a cooperação na produção, no consumo e na educação. Os *kibutzim* eram a negação completa da cidade. Ninguém tinha acesso a uma geladeira, a roupa era repartida igualmente, todos se submetiam a uma mesma disciplina e almoçavam e jantavam num refeitório coletivo. Uma experiência inusitada, baseada nos antigos *kolkhozes*[12] da Rússia, e levada a um nível muito mais desenvolvido.

Motivados politicamente pelo novo Estado que se formava, os jovens abandonavam tudo em busca não apenas da sua raiz, mas de uma nova forma de viver. Minha família, igualmente atraída por essa idéia, acabou emigrando para Israel. Primeiro meus irmãos, ainda na década de 50; mais tarde, uns dez anos depois, meus pais.

Embora eu tivesse mergulhado de corpo e alma no movimento sionista socialista, eu sentia que a minha trajetória não seria a emigração para Israel. Mesmo assim, resolvi atender ao pedido do Dror e fui estudar eletrotécnica. Tudo isso porque, filosoficamente, eles eram contra todas as profissões liberais, que consideravam aburguesadas. Eles incentivavam o estudo de atividades práticas, concretas, que servissem à formação do novo Estado judeu. O meu irmão Samuel, por exemplo, que já estava no quinto ano de Medicina, largou a faculdade para fazer um desses cursos profissionalizantes. Não lembro qual, talvez mecânica. José Leão também, meu outro irmão, traçou o mesmo caminho. Ambos seguiram profissões técnicas proletárias, porque, dentro da visão estreita daquela época, elas seriam mais úteis ao novo Estado e propiciariam um futuro melhor, mais garantido.

Fui estudar no Colégio Mackenzie, o colégio mais rico de São Paulo. Como eu não tinha dinheiro, tomei coragem e fui falar com a diretora:

---

[12]Cooperativas rurais russas.

— Eu quero fazer eletrotécnica e sei que vocês têm o melhor curso de São Paulo. Só que eu não posso pagar.

— Bem, Isaac, nós somos uma escola americana e temos uma tradição. Os alunos que não têm condições de pagar as nossas mensalidades trabalham para manter seus estudos. O que o senhor pode fazer?

— Bom, para falar a verdade, eu não sei fazer nada.

— O senhor poderia trabalhar na cantina, vendendo sanduíches?

— Ah, claro. Isso eu posso fazer.

E lá fui eu vender sanduíches no bar do Colégio Mackenzie para poder pagar os meus estudos de eletrotécnica, profissão para a qual, diga-se de passagem, eu não tinha o menor talento. Números e cálculos intermináveis, soldas e ferro fundido, voltímetros e amperímetros.

Nesse mesmo ano de 1953, atrás do Colégio Mackenzie, fora inaugurada uma escola musical chamada Escola Livre de Música de São Paulo, que na época era dirigida por essa figura carismática chamada Hans Joachim Koellreuter[13]. Foi ele que introduziu entre nós o dodecafonismo[14]. Koellreuter foi um divisor de águas para toda uma geração de compositores, maestros, estudantes de música... Eu tenho orgulho de me incluir nessa série de tantos e tantos nomes da música brasileira que estudaram com ele, que vai

---

[13] Hans Joachim Koellreutter, compositor, flautista, professor e musicólogo, nasceu em Freiburg, Alemanha, em 1915. Em 1937, fugindo do nazismo, veio parar no Brasil, onde fundou a Escola Livre de Música (PróArte) e o movimento Música Viva, que agitou os meios musicais brasileiros, introduzindo técnicas contemporâneas da música européia, sobretudo o dodecafonismo. Naturalizado brasileiro, em 1948 recebeu de volta sua cidadania alemã, cassada pelos nazistas.

[14] O uso livre de acordes dissonantes cromáticos realizados por certos compositores, especialmente Richard Wagner, que introduziu notas estranhas à tonalidade para colorir suas harmonias, indicou o caminho rumo à atonalidade. Na primeira década do século XX, o compositor Arnold Schoenberg comporia obras essencialmente atonais e criaria o dodecafonismo, que, segundo Mário Benedetti, "seria uma forma de organização sonora que se propõe a dar unidade e coerência às composições atonais".

de Tom Jobim a Guerra Peixe[15], passando por Júlio Medaglia[16], Aylton Escobar[17], Henrique Gregori[18], Cláudio Santoro[19], Edino Krieger[20], Marlos Nobre[21] e tantos outros. Nenhum, literalmente nenhum estudante de música brasileiro dessa época ficou imune ao poder catalisador dessa personalidade. Koellreuter foi realmente uma figura marcante no cenário musical brasileiro. Não só em relação à música erudita, mas também em relação à música popular.

---

[15]César Guerra Peixe nasceu em Petrópolis em 1914. Aos sete anos, já tocava de ouvido bandolim, violão, violino e piano, integrando, desde cedo, conjuntos de seresteiros e chorões. Maestro, arranjador e compositor erudito, dos anos 40 aos 60 viveu o período de ouro do rádio. Inicialmente interessado no dodecafonismo, rompeu com o movimento e partiu em busca das verdadeiras origens da música folclórica brasileira.

[16]Júlio Medaglia nasceu em São Paulo em 1938. Estudou regência coral no Brasil e regência sinfônica na Alemanha. Em 1967, foi um dos principais arranjadores do Tropicalismo.

[17]Nascido em São Paulo em 1943, o compositor Aylton Escobar é um dos representantes da vanguarda brasileira. Especializou-se em música eletrônica em Nova York e tem se dedicado à música de vanguarda e eletroacústica.

[18]Henrique Gregori, maestro, professor e arranjador, regente da Orquestra Armorial, diretor do Conservatório Pernambucano de Música e professor da Universidade de Campinas.

[19]Cláudio Santoro nasceu no Amazonas em 1919. Estudou em Paris e em Berlim, onde consolidou sua carreira. De volta ao Brasil, ocupou por duas vezes o cargo de regente titular da Orquestra do Teatro Nacional de Brasília, que hoje leva seu nome. Em 1989, durante um ensaio de sua orquestra, foi vítima de um enfarte fulminante, morrendo no pódio. Deixou uma vasta obra, que inclui catorze sinfonias, concertos para canto e piano, peças de câmara e o balé "Cobra Norato".

[20]Segundo o jornalista Luís Antônio Giron, Edino Krieger, compositor brasileiro de ascendência alemã e italiana, "é capaz de escrever uma peça dodecafônica e flertar com a música popular. Já inventou *jingles* e foi parceiro de Vinicius de Moraes na música "Fuga e anti-fuga", quarto lugar do Festival Internacional da Canção, TV Globo, 1967. Se no teatro musicou "Antígona", de Sófocles, no cinema criou trilhas sonoras para Os Trapalhões ("quando eles ainda eram pobres"), o que não o impediu de escrever oratórios e peças sinfônicas".

[21]Nascido em Pernambuco em 1939, Marlos Nobre, pianista brasileiro, é um dos compositores de maior projeção no exterior. Muito premiado, foi diretor musical da Rádio MEC (1971), do Instituto Nacional de Música da Funarte (1976) e presidente do Conselho Internacional de Música da Unesco (1985-1987). Sua produção compreende de mais de 180 obras, que mesclam a linguagem moderna às raízes nacionais.

Um dia, durante a aula, ele quis saber o que eu andava fazendo. Contei que estava me preparando para emigrar para Israel como eletrotécnico. Lembro-me até hoje da cara dele:

— Você está perdendo tempo, Isaac.

E estava mesmo. Mas só me dei conta disso naquele dia, quando fui surpreendido pelo professor fazendo exercícios musicais em plena aula de História ou Geografia. Você percebe como tudo foi se encaixando? Deixei a idéia de emigrar, de ser um jovem socialista integrado no Estado de Israel, e resolvi ser um músico, que, aliás, começou bastante tarde a sua profissão.

O CANTO CORAL

Abandonei a eletrotécnica e o Colégio Mackenzie, mas ainda mantive um certo vínculo com o Dror, que me incumbiu de formar uma comunidade jovem judaica em Belo Horizonte, Minas Gerais. A idéia era reunir um grupo de jovens militantes ligados ao movimento sionista socialista ao qual eu pertencia. É um pouco estranho falar nisso hoje... principalmente porque eu não me sentia realmente ligado a partido nenhum. Mas eu fui lá com essa designação: fundar um movimento partidário. Só que eu não tinha o menor talento para isso. A minha vocação política era realmente tão pouca que, em 1955, nas minhas horas de folga, acabei fundando, em vez de um partido, um coro, que viria a ser um dos corais mais famosos que o Brasil já teve: o Madrigal Renascentista.

Com o Madrigal eu iria plasmar tudo aquilo que eu havia aprendido em casa com a minha mãe e estudando música com o Koellreuter. Aí, sim, eu comecei a reger, e dessa vez sem aspas, usando os gestos certos, já com a consciência da gestualidade que mais se aproximava da minha natureza musical. Foi com essa gestualidade que eu comecei a trabalhar o Madrigal, um conjunto importantíssimo para mim. Creio que tenha sido importante também para a história da música brasileira, porque foi um dos melhores corais que já apareceram por aí. Com grandes vozes e uma atmosfera de trabalho muito positiva.

Todo jovem regente se vê diante de um problema: não ter uma orquestra à sua disposição. Diferentemente de um pianista, um violinista, que leva o seu instrumento para casa, ou de um cantor, cujo instrumento de trabalho é ele mesmo, são suas cordas vocais, o maestro fica em casa e tem que trabalhar reflexivamente, olhando o espelho e vendo a si mesmo. Observando os seus gestos, mas sem nenhuma correspondência entre gestual e música, porque lhe falta aquilo que é fundamental: o seu instrumento de trabalho, que é a orquestra ou o coro.

É muito difícil ter uma orquestra. As orquestras são organismos complexos, elefânticos, enormes, cheios de encargos sociais e momentos de crise. Uma orquestra reflete as condições de seu tempo. Você conta nos dedos as orquestras disponíveis para jovens regentes. Para superar esse dilema, o estudante de regência tem que trabalhar com elementos que ele possa aglutinar mais facilmente. No caso, um coro.

Eu digo sempre aos meus alunos lá na Itália que, na falta de uma orquestra, eles procurem organizar um coro. Um coro, em geral, é formado por amadores, pessoas que têm prazer em se reunir para fazer música e cantar de graça. Ou seja, não existe nenhuma preocupação de nível salarial. Por isso, ele é o primeiro exercício recomendado para um jovem regente. É a maneira de ele colocar em prática aquilo que aprendeu durante tantos anos e que nunca teve oportunidade de exercitar.

O coro foi de uma importância fundamental no desenvolvimento da minha profissão até chegar a ser um regente sinfônico. Foi nesse momento da minha vida, em Belo Horizonte, aos 21 anos de idade, que eu consegui criar o meu sistema de trabalho, que eu comecei a apreender intuitivamente a técnica de ensaio.

Quando você está trabalhando com um coro como o Madrigal, que reunia sopranos, contraltos, tenores e baixos, as quatro vozes fundamentais, não pode jamais passar uma parte importante do ensaio completando uma única voz enquanto as outras três ficam esperando. Nesse sentido, eu aprendi a motivar o grupo. Quando eu ensaiava, por exemplo, um naipe, não deixava os outros três esperando horas. Ensaiava o essencial e já passava para as outras vozes, para que o ensaio fosse uma coisa viva.

No teatro o processo é o mesmo. O diretor do espetáculo não vai gastar todo o ensaio trabalhando um só personagem. Tem que ensaiar com todo o elenco — ou vai ser um diretor chato, um regente aborrecido. Tudo isso eu aprendi intuitivamente, ninguém me ensinou a fazer. Mas é só através da prática que você consegue exercitar a noção do tempo, o *timing* exato.

Foi a partir desse trabalho que eu comecei a fazer uma análise seletiva daquilo que era fundamental ensaiar e daquilo que eu podia deixar de lado e recomeçar depois. E é isso que falta aos jovens regentes, quando eles se colocam em frente a uma orquestra pela primeira vez: o sentido do *timing*, a precisão no aproveitamento integral do tempo. A orquestra é um organismo caro. Você tem em geral quatro a cinco ensaios para fazer um concerto. Se você não souber aproveitar o seu tempo, está completamente perdido.

O conceito básico da regência é de espacialização. O regente espacializa a música. A música é um fenômeno abstrato que corre no tempo, corre no espírito. Você ouve, mas não consegue ter com ela um contato como consegue ter com um quadro, ou com uma escultura, que você pode tocar. A música entra no seu ouvido e na sua alma e se processa a um nível puramente psíquico. Ela não é concreta. É um fenômeno abstrato, sensorial. Como é que um regente transforma um elemento abstrato em espaço? Por meio do gesto. O gesto é a reprodução física de elementos puramente espirituais.

Ele tem que se adequar à espiritualidade da música. Aqueles regentes que atuam como implacáveis batedores de compassos, com gestos feios, marcados, estão indo contra o espírito musical. O gesto tem que acompanhar a beleza da música. E, ao mesmo tempo, tem que ser claro para que as pessoas que estão fazendo música com você percebam as suas intenções.

Um músico de orquestra tem absoluta necessidade de saber onde está o tempo forte, o primeiro tempo, para ele poder se orientar. Não adianta um regente se colocar diante de uma orquestra e bater um gesto de anacruze[22], de preparação, quando o músico tem necessidade de um gesto incisivo, que determine o início do compasso[23]. A estruturação da técnica é importante para um regente saber como se comunicar com uma orquestra aqui, na China, na Índia ou no Japão. O seu gestual, desde que seja claro, será compreendido por todas as orquestras do mundo, porque todos os músicos entendem qual é a técnica de um regente. São parâmetros perfeitamente organizados. No entanto, o exercício do gesto e a sua correspondência com elementos puramente musicais — os tais elementos abstratos — dependem de experiência.

Um pianista, quando quer tocar uma música de uma forma bem suave — numa sonoridade pianíssimo —, articula as teclas de uma determinada maneira, sem agredi-las, diferentemente de um forte, em que ele precisa repercutir as teclas[24]. Regência é a mesma coisa. Você tem que saber exatamente qual é o gesto adequado a uma determinada sonoridade. E onde é que você vai exercitar isso a não ser diante de uma orquestra ou em frente a um coro?

---

[22]Anacruze: notas que antecedem o primeiro tempo forte do ritmo ao qual pertencem. Em geral, no último tempo de um compasso.
[23]Unidade métrica constituída de tempos agrupados em porções iguais, separada da unidade seguinte por um travessão ou barra de compasso.
[24]Indicações padrão de dinâmica que representam variações de intensidade sonora: pianíssimo (pp), piano (p), mezzo piano (mp), mezzo forte (mf), forte (f), fortíssimo (ff).

OS ANOS DOURADOS

Naquela época, meados da década de 50, Belo Horizonte era uma cidade pequena. Assim que eu cheguei, fui formando um grupo que se reunia para ensaiar na casa de um rapaz chamado Carlos Alberto Pinto Fonseca. As pessoas iam se agregando aos poucos. Um falava com o outro, que lembrava de um outro, que trazia um outro, e eu ia fazendo a seleção das melhores vozes. Eram poucas vozes. Ao todo, 27 pessoas. Nenhuma delas tinha conhecimento musical, mas todas possuíam belas vozes, uma das características das Minas Gerais.

Foi nessa época que eu conheci a minha primeira mulher, a soprano Maria Lúcia Godoy, com quem eu vivi um namoro longo, mas um casamento muito rápido: durou sete meses. Um daqueles passos da juventude que a gente dá sem refletir muito. Quando saímos da casa do Carlos Alberto, o Madrigal passou a ensaiar na casa dela. Até me lembro do endereço: Rua São Paulo, 2.189. Casa do Romeu Godoy, uma figura fascinante. Ele era diretor do Jockey e eu morei um tempo na casa deles. Fiz muita amizade com todos eles. Eu considerava a família Godoy a minha família também. Na realidade, quando eu me casei com a Lúcia, eu me casei com a família Godoy.

Foi um período extremamente produtivo para o Madrigal. Foi quando ele construiu um grande repertório, que nos levaria a fazer turnês importantes e a consolidar o nosso trabalho. Eu lembro que, naquela época, os anos JK, nós íamos constantemente a Brasília. Aliás, o Madrigal fundou Brasília. Em 1960, a convite do governo brasileiro, inauguramos a nova capital federal ao som da "Missa da Coroação", de Mozart.

O Juscelino era muito identificado com o coro. Lembro da gente fazendo serenata para ele, cantando "É a ti flor do céu" e diversas canções do folclore mineiro. Foi ele que patrocinou, por intermédio do Ministério das Relações Exteriores, várias turnês internacionais do Madrigal. No governo JK nós viajamos para o Uruguai, a Argentina, o Chile, os Estados Unidos e a Europa. Também percorremos o Brasil. Era um trabalho puramente idealista. A rigor, não tínhamos remuneração. As rendas auferidas nos diversos recitais destinavam-se à caixinha que atendia às necessidades mais prementes do grupo. Felizmente encontramos a boa vontade geral dos órgãos governamentais e instituições privadas que nos possibilitou as viagens à Europa e aos Estados Unidos[25].

O grande erro desse período que passei à frente do Madrigal foi o fato de só termos gravado um único disco. E, a meu ver, um disco muito mal realizado, gravado em condições bastante precárias, lançado por um selo que nem existe mais: Chantecler. É um disco que não dá a dimensão exata de como era realmente o Madrigal Renascentista. Faltou a todos nós, que éramos muito jovens naquela época, um senso promocional de deixar um lastro, uma recordação viva daquilo que representou o nosso coral. Existem gravações esporádicas, mas nada que seja o reflexo do altíssimo nível a que se chegou.

Madrigais eram canções populares que fizeram muito sucesso na Inglaterra da rainha Elizabeth e de Shakespeare. Obras musicais criadas especificamente para a voz. Naquela época, os instrumentos não eram determinantes, apenas acompanhavam a estrela,

---

[25] O Madrigal Renascentista, "a maior revelação artística" dos anos 50, empreendeu vitoriosa turnê à Europa em 1958, percorrendo as principais cidades de Portugal, Espanha, França, Bélgica, Holanda, Suíça, Alemanha e Itália. Nos anos 60, apresentou-se na Argentina, no Uruguai, nas principais cidades do Brasil e nos Estados Unidos. Em 1970, voltou à Europa, obtendo sempre críticas entusiásticas. Ao longo de sua carreira, pautada pelo lema *sequar ubiquaque cantando* (cantando seguirei por toda parte), o Madrigal fez milhares de apresentações e recebeu reconhecimento nacional e internacional.

que era a voz. Ou seja, era música vocal, *a capella*, sem acompanhamento. Escrita para ser cantada e executada nas cortes aristocratas européias dos séculos XV, XVI e início do século XVII, em geral com temas sofisticados ou de origem popular. Costumavam ser cantados em palácios, na corte e nos lares aristocratas.

O nome, Madrigal Renascentista, veio do próprio repertório escolhido. E apesar de ser historicamente falso — já que todo madrigal é renascentista — era um nome incrivelmente bonito. Digno das vozes das Minas Gerais.

O repertório tradicional consistia em divulgar a música pré-renascentista e renascentista, sacra e profana, abordando todos os grandes madrigalistas: Giovanni Pierluigi da Palestrina, Tomas Luis de Victoria, Alessandro Scarlatti, Josquin des Pres, Louis Claude Daquin, Orlando Lassus, John Dowland, Thomas Weelkes, Pierre Certon, Claude le Jeune[26]. Interpretávamos também autores que surgiram após o período clássico, como Bach[27],

---

[26] Madrigalistas: o italiano Palestrina, um dos grandes mestres do Renascimento, junto com Orlando Lassus, compositor franco-flamengo. Alessandro Scarlatti, italiano de família altamente musical, que escreveu música vocal secular, sacra, instrumental e óperas. O espanhol Tomas Luis de Victoria, um dos maiores de sua época (1548-1611), que escreveu exclusivamente música sacra latina. Os franceses Josquin des Pres, autor de missas e motetos; Louis Claude Daquin, organista e compositor; Pierre Certon, sacerdote, maestro do coro e compositor; Claude le Jeune, que compôs cerca de 350 salmos e mais de 40 madrigais, além de missa, motetos, *chansons* e fantasias instrumentais. Os ingleses John Dowland, famoso em sua época (1563-1626) como alaudista e cantor virtuoso, e Thomas Weelkes, compositor eclesiástico e madrigalista.

[27] "Tal música não existia antes que ele a escrevesse", afirmou Anna Magdalena, segunda esposa de Johann Sebastian Bach (1685-1750), "que deveria chamar-se não Bach (regato), mas sim Meer (mar)" (Beethoven). Ele seria "o início e o fim de toda música" (Max Reger). "Nele nada se acha pela metade, mas tudo está escrito para a eternidade" (Schumann). "Seu 'O cravo bem temperado' teria o mesmo valor que o Velho Testamento" (Von Bullow). Para Kurt Pahlen, Bach "é a síntese do passado e o guia para o futuro (...) É como se uma catedral se erguesse sobre nós para em seguida mergulhar no infinito".

Brahms[28], Ravel[29], Debussy[30], Hindemith[31] e, claro, música brasileira — Villa-Lobos, principalmente, Camargo Guarnieri[32],

---

[28] "Eu pensava que um dia iria aparecer alguém predestinado a anunciar a expressão mais elevada da época (...) E ele apareceu, um rapaz jovem (...) Fez do piano uma orquestra inteira de vozes nostálgicas e jubilosas (...) revelando maravilhosas paragens (...) e nos atraindo para esferas cada vez mais encantadas (...)". Assim Schumann apresentou à Alemanha o jovem compositor de apenas vinte anos, Johannes Brahms (1833-1897). O mestre morreu meses depois, mas ele jamais abandonaria a viúva Clara, com quem viveria um amor platônico por toda a vida. Como Beethoven, adotou Viena, que lhe abriu os braços, e viveu para a música.

[29] Joseph Maurice Ravel (1875-1937), compositor francês encantado tanto pelo Oriente quanto pela Espanha. "Bolero", "um estudo em crescendo, com o tema obstinadamente repetido", é sua peça mais famosa e foi composta para a bailarina Ida Rubinstein, que a dançou pela primeira vez coreografada por Nijinsky. Contam que, ao ouvi-la, uma espectadora teria fugido apavorada, gritando — "Socorro! Um louco!" — e que Ravel a considerara a única a compreender sua obra. O "Concerto de Piano para Mão Esquerda" foi escrito em 1930 para o músico Paul Wittgenstein, que perdera o braço direito durante a guerra.

[30] No final do século XIX, os parisienses se encantavam com a pintura impressionista de Manet, Van Gogh e Renoir, a poesia de Baudelaire, Verlaine e Rimbaud e os romances de Balzac e Victor Hugo. As artes se renovavam para inaugurar um novo século e abrir caminho para um novo compositor, o francês Claude Achille Debussy (1862-1918): "Nada é mais musical do que um pôr-do-sol." "Um músico não deveria ouvir nenhum outro conselho a não ser o do vento que passa." Ele musicou poemas de Verlaine, Mallarmé e Baudelaire, transformou em música as baladas de François Villon e passou dez anos elaborando a ópera "Pelléas et Melisande". Para o balé, criou "Jeux" para Nijinsky e "O Martírio de São Sebastião" para Ida Rubinstein.

[31] Com a ascensão do nazismo, o alemão Paul Hindemith (1895-1963) foi perseguido e censurado, tendo que se exilar na Suíça e, mais tarde, nos Estados Unidos. Sua ópera "Mathias, o pintor", que dramatiza o dilema do artista numa sociedade repressiva, foi proibida, segundo Norman Lebrecht, por várias razões: "uma partitura moderna, um libreto subversivo, o desafeto pessoal de Goebbels e as origens raciais da mulher do compositor".

[32] Mozart Camargo Guarnieri (1907-1993) nasceu em Tietê, São Paulo, e compôs centenas de obras que abrangeram todos os gêneros musicais. Iniciou seus estudos musicais com um delegado de polícia, músico nas horas vagas. Tocou em pequenas orquestras e cinemas paulistas enquanto estudava no Conservatório, e foi várias vezes premiado no Brasil e no exterior. Em 1952, a ópera "Pedro Malasartes" estréia no Teatro Municipal do Rio, com libreto de Mário de Andrade, responsável por sua formação estética. Em 1960, com Gianfrancesco Guarnieri, escreve a ópera "Um Homem Só".

Francisco Mignone[33] — todas arranjadas por mim e por outros maestros. Trabalhamos também peças folclóricas internacionais, portuguesas e brasileiras. Música popular não, porque eu sempre achei que o Madrigal não deveria se confundir. O que nós fizemos, isso sim, foi ensaiar a "Sinfonia de Brasília", do Tom Jobim e do Vinicius de Moraes[34]. Mas, infelizmente, nunca chegamos a apresentá-la, porque faltou oportunidade ou orquestra.

Enfim, o Madrigal Renascentista era um conjunto eclético, inserido no contexto do repertório contemporânco, que não se restringia à divulgação de um determinado estilo da música. E foi através desse repertório que eu ampliei a minha forma de comunicação e adquiri intimidade com um conjunto maior do que quatro pessoas.

---

[33] O compositor brasileiro Francisco Mignone (1897-1986) percorreu os gêneros orquestral, instrumental, camerístico, dramático e sacro. Sob o pseudônimo de Chico Bororó, conhecido seresteiro das rodas de choro dos bairros paulistanos do Brás, Bexiga e Barra Funda, compôs obras populares. Seu primeiro êxito foi "O Contratador de Diamantes", cuja peça "Congada" foi regida em primeira audição por Richard Strauss e executada pela Orquestra Filarmônica de Viena no Teatro Municipal do Rio em 1923. Arturo Toscanini gravou a sua "Festa das Igrejas". Atraído pelo movimento nacionalista, escreveu "Fantasias Brasileiras", "Quadros Amazônicos" e bailados inspirados em motivos folclóricos, como o "Maracatu do Chico-Rei", colaborando com Mário de Andrade. Manuel Bandeira o chamava de "Rei da Valsa", e é de Cecília Meireles o texto de "Alegrias de Nossa Senhora". Nas décadas de 70 e 80, compõe música para filmes, as óperas "Chalaça" e "O Sargento de Milícias", e o bailado "O Caçador de Esmeraldas", inspirado em poema de Olavo Bilac.

[34] "Sinfonia da Alvorada" (ou "Sinfonia de Brasília") foi encomendada aos parceiros Tom e Vinicius pelo então presidente Juscelino Kubitschek para a inauguração de Brasília. Em busca de inspiração, a dupla aceitou o convite de JK e foi passar uma temporada no Catetinho, assistindo de perto à construção daquela que seria a nova capital federal. Ao contrário das expectativas, a Sinfonia não inaugurou Brasília e só teve duas apresentações públicas, além da gravação em disco: em 1966, na TV Excelsior de São Paulo, e vinte anos depois, na Praça dos Três Poderes, em Brasília.

Ó CHAMADO DA MÚSICA

A partir daí eu me desvinculei completamente do movimento sionista. Confesso que, inicialmente, com muitos remorsos, porque meus dois irmãos e alguns amigos íntimos faziam parte dele. Eles estavam resolvidos a prosseguir nessa linha e não entendiam por que eu os tinha abandonado. Mas o chamado da música foi muito forte nesse período. Nesse período, não, em todos os momentos da minha vida o chamado da música foi sempre muito mais forte. Esse impulso foi o fator que sempre contou na minha vida. Foi ele que me fez abandonar o movimento e me dedicar *full time* ao estudo da música. Eu sentia que a política não fazia parte da minha natureza. Além do mais, Israel precisava mais de técnicos do que de músicos. E depois de tomada essa decisão, as coisas se sucederam num crescendo.

Em 1958, a convite de alguns empresários, levamos o Madrigal à Europa. Sabendo da viagem, pleiteei uma bolsa para estudar música e consegui aprovação do governo alemão, através do DAD, Deutsche Akademische Austauchdienst. O Madrigal teve que voltar para o Brasil sem mim, que fui estudar música na Alemanha. Como a bolsa me permitia escolher um conservatório, escolhi o de Freiburg, no sul da Alemanha, onde eu sabia que lecionavam ótimos professores de regência.

Mas não abandonei o Madrigal. Mesmo durante os anos em que fiquei estudando na Europa, nós trabalhamos juntos diversas vezes — só que em períodos esporádicos, que correspondiam às minhas férias européias. Eles me mandavam as passagens e eu vinha ao Brasil regê-los. Chegamos a fazer turnês juntos pelo Brasil, Estados Unidos e Europa.

Acredito que, se eu não tivesse talento para outras formas de regência, teria permanecido até hoje como regente de coro, trabalhando com o Madrigal Renascentista. Mas eu sentia que o apelo da orquestra era maior. Primeiro, pelas inúmeras possibilidades que ela oferece; segundo, porque eu sentia, inconscientemente, que a minha forma de expressão não estaria completa se não abordasse inteiramente a orquestra sinfônica. Alguns outros regentes teriam se sentido perfeitamente satisfeitos em ter fundado o melhor coral do Brasil. Mas não foi o meu caso. Eu era um insatisfeito. Eu sentia que havia esgotado plena e completamente os recursos como regente de coral. Eu me sentia incompleto na parte sinfônica.

Embarquei para a Europa já com a consciência de que deveria ser regente. A partir daí, o processo foi irreversível. Uma força avassaladora, da qual eu só percebia alguns vislumbres, me indicava o caminho. Não tenho dúvida de que a regência exerce algum poder hipnótico sobre mim, porque não havia nenhum dado concreto que me dissesse: "Olha, está vendo? É isso." Ela brotou. Esse é o termo adequado. A regência brotou. E, quando ela tomou conta de mim, já era uma certeza. Eu queria ser maestro e não compositor, instrumentista, arranjador. Podia ter escolhido o oboé, que eu já tocava e bem, mas resolvi mais uma vez seguir aquele impulso que me guiaria pelo resto da vida.

Meus irmãos a essa altura já viviam em Israel, meus pais ainda moravam em São Paulo. Houve conflitos evidentes quando eu me decidi a fazer música. Apesar do apoio incondicional da minha mãe, houve uma profunda reação por parte do meu pai e dos meus tios, que consideravam a música uma brincadeira, uma profissão romântica. Ficaram verdadeiramente temerosos, achando que eu não seria capaz de me sustentar com ela. Como alguém seria capaz de sobreviver da música?

Até que eles tinham uma certa razão, porque hoje grande parte da classe musical brasileira tem que fazer enormes sacrifícios para poder sobreviver. Muitas vezes os músicos têm que se corromper para poderem manter um determinado padrão de vida. É uma profissão difícil, eu reconheço, mas valeu a pena ter tomado aquela decisão.

Quanto aos meus pais, enquanto viveram, eu enviava para eles todos os recortes que saíam a meu respeito. Tenho certeza de que, pouco a pouco, lentamente, toda a minha família foi se conscientizando de que, sim, eu poderia subsistir por meio da música e que, claro, tinha sido uma escolha acertada.

Superada a fase do coro, lá fui eu de armas e bagagens para a Europa. Cheguei na Alemanha aos 24 anos, sozinho, com um pouco de conhecimento da língua, que eu estudara em Belo Horizonte. Foi um período fértil em termos de aprendizado e conhecimento, mas muito difícil na vida prática. Para você ter uma idéia, eu só comia carne uma vez por semana — quando comia.

A bolsa me dava muito pouco dinheiro — trezentos marcos por mês, o que equivalia a menos de trezentos dólares. O estudo era pago, mas eu não fazia nada com trezentos marcos. Só conseguia pagar o meu quarto e comer num restaurante de estudantes chamado Menza. Quando me lembro da qualidade da comida que nos era oferecida naquele restaurante tenho até arrepios. Enfim, foi uma época difícil. Mas eu era estudante, valia tudo.

Ninguém tinha condições de manter um quarto sozinho, portanto eu dividia um mesmo ambiente com vários estudantes de música. Era chamada *Studentenheim*, Casa do Estudante, onde o banho, por exemplo, custava quarenta *pfennings*, o equivalente a 25 *cents* do dólar. Quer dizer, a gente era obrigado a tomar banho só duas vezes por semana. Não, era uma coisa terrível. Eu não sei como é que eu sobrevivi. Só posso justificar a minha sobrevivência por meio de uma disciplina que me guiava não só em relação à música, mas em relação à vida mesmo. Eu estava determinado.

Iniciei meus estudos de regência sinfônica com um professor chamado Froitzheim, que era, sem dúvida, uma pessoa muito capaz. Mas sabe como é essa questão de sensibilidade, quando duas pessoas se encontram e percebem que não vão se entender? É curioso isso. Existe alguma coisa de telepática na relação humana. A verdade é que eu não tive uma boa sensação em relação a ele. É tão estranho. Eu não sei exatamente por quê. Talvez fosse a maneira como ele fazia música, o modo como abordava o fenômeno musical, a forma como ele ensaiava... Nada coincidia com a minha maneira de pensar. Éramos duas personalidades completamente antagônicas. Duas linguagens diferentes, vistas de formas inteiramente diversas. O fato é que eu não me dava bem com ele e estava muito deprimido. Era amargurado, infeliz, e não sabia por quê.

Então comecei a me dar conta de que o problema residia no nosso tipo de *approach*. O nosso relacionamento era falho, deixava muito a desejar. Foi quando eu tive as minhas primeiras dúvidas a respeito da minha profissão. Eu já não tinha tanta certeza se deveria ser regente sinfônico. Eu não estava contente com o que andava fazendo, me sentia totalmente perdido. Ainda por cima sem comer carne, fraco... Até que eu resolvi mudar de professor. Com o meu alemão macarrônico da época, fui explicar que havia encontrado um outro mestre, com quem eu iria fazer uma nova tentativa. E foi a minha salvação.

Ele se chamava Karl Ueter e, graças a ele, eu me reencontrei. Quando ele começou a me dar a primeira aula, eu vibrei: "Ah! Essa é a sensibilidade que sintoniza com a minha!" A partir daí foi tudo mais fácil. Quando as sensibilidades se encontram, o fenômeno do aprendizado é muito mais coerente, muito mais lógico. É como se ele tivesse passado a experiência dele para mim. Eu era uma esponja — como, aliás, ainda sou. Mas nessa época, então, imagina. Eu era dessas esponjas que acabam de sair do mar, ainda fresquinhas, absorvendo tudo. Todas as coisas que ele dizia eu incorporava imediatamente à minha linguagem. Karl foi um professor determinante. Eu aprendi muito com ele.

A língua nunca foi um problema, uma barreira, porque a música é universal. Quando ele queria dizer alguma coisa mais complexa, falava em italiano. E como a música é um fenômeno indizível, imponderável, eu basicamente intuía o que ele queria dizer, mesmo sem dominar completamente o alemão.

EM BUSCA DO TEMPO PERDIDO

Freiburg é uma cidade incrustada no meio da Floresta Negra, com uma vida universitária riquíssima. Foi lá que trabalhou o filósofo Heidegger[35]. Lá se fizeram as primeiras experiências em relação à música antiga. Naquele ambiente universitário formou-se um espírito de pesquisa e de conhecimento que eu considero inigualável na Alemanha da década de 50, início de 60.

Um dos fatores que galvanizaram essa vida cultural foi, sem a menor dúvida, a Escola de Música. A primeira sede dessa escola ficava em frente à catedral. Era uma coisa interessante a gente estudar diante de uma catedral medieval, feita em pedra vermelha. Eu costumava ficar até altas horas da noite trabalhando e estu-

---

[35]Martin Heidegger, filósofo alemão, nasceu (1889) e morreu (1976) em Messkirch, na Floresta Negra. Estudou e lecionou na Universidade de Freiburg. Na década de 30, como outros artistas e intelectuais de seu tempo, aderiu ao Partido Nazista, acreditando nas promessas de estabilidade econômica e política e na recuperação da dignidade e da grandeza do povo alemão, perdidas após a Primeira Guerra Mundial. Terminada a guerra, Heidegger foi proibido de lecionar e suas atividades foram investigadas. Foi absolvido e hoje é considerado um dos grandes pensadores do século XX.

dando. Pedia a chave emprestada e ficava lá até de madrugada, buscando recuperar o tempo que eu havia perdido.

Foi um período muito intenso em termos de estudo, mas também um período de muita abdicação e renúncia. Tudo aquilo a que os estudantes estão praticamente acostumados — uma vida mais livre e o aproveitamento do seu tempo de lazer — eu não tive. Rigorosamente, eu não tive lazer. Só muito mais tarde eu vim a me permitir ter momentos livres. A minha vida sempre foi pautada por essa disciplina que eu adquiri ao longo desses anos. Você pode dizer que é uma disciplina alemã, mas não é. Ela era inerente à minha necessidade de tentar resgatar um tempo que eu julgava perdido dentro da minha formação musical. Afinal, em termos cronológicos, como eu já disse, eu começara muito tarde o meu período escolar como músico.

Além das matérias teóricas, eu tinha que estudar regência, repertório, enfim, tinha que correr. Sob o ponto de vista do exercício, o ensino da regência era quase que inteiramente semelhante ao de outros conservatórios: nós não tínhamos acesso à orquestra. Então, ficava tudo muito teórico. O professor tocava ao piano a partitura e eu regia. Esse era o sistema tradicional. O que, aliás, é um anacronismo que ainda hoje permeia a atividade dos estudantes de regência. Eles não têm à sua disposição o instrumento ao qual se dedicam. Esse é o grande dilema do jovem músico: ele querer fazer e não poder. E você só pode exercitar alguns movimentos, potencializar alguns gestos, estabelecer um sistema operacional para a sua regência, quando você pratica, seja com uma orquestra, seja com um coro.

Esse era o prêmio dedicado aos estudantes que conseguissem completar o curso no âmbito teórico: dar um concerto sinfônico. Um aluno podia levar quatro, seis, sete anos para se formar, porque lá eles não obedecem a uma ordem cronológica.

Não existe essa coisa compartimentada como no estudo da Medicina e de certas profissões liberais. Quem estivesse pronto poderia prestar o exame final — mesmo que tivesse feito apenas um ano de curso. Eu levei quatro para me formar, mas sei de colegas meus que estudaram oito anos e, ainda assim, nunca estavam aptos a fazer o exame final. Nesse sentido, o ensino de música lá é muito elástico: ele privilegia aqueles que têm capacidade e talento para superar o ensino curricular. Ou seja, o currículo não é um entrave. Se o professor acredita que aquele aluno está preparado para desenvolver um exame final, ele pode completar o curso em um ano.

Na minha prova final eu regi a "Sinfonia em Sol Menor", de Mozart, uma obra que vem me acompanhando nesses últimos anos. Regi também o "Concerto de Violoncelo", de Haydn,[36] e a "Missa da Coroação", de Mozart, que encerrou o programa. Essa seleção foi feita em conjunto com o professor e de acordo com a disponibilidade da orquestra, formada pelos próprios alunos. Não tinha nenhum profissional, eram todos estudantes: a orquestra, o coro. Esse era o propósito do exame final: contemplar os alunos que trabalharam no Conservatório de Música.

Depois da prova, eu ganhei uma distinção que raramente é concedida aos estudantes de lá. Mas, a meu ver, merecida, porque o que eu estudei nesse período foi uma coisa impressionante. Eu me dediquei de corpo e alma, renunciando a tudo na vida. E não me arrependo, porque foi durante esses anos, que começaram aqui no Brasil e completaram o seu ciclo na Alemanha, que

---

[36] O austríaco Franz Joseph Haydn (1732-1809) compôs inicialmente obras sacras, música para comédias teatrais e música de câmara. Contratado por uma aristocrática família húngara para dirigir todas as atividades musicais do palácio, criou centenas de sinfonias, peças para concertos e, mais tarde, óperas. Suas duas temporadas londrinas foram especialmente bem-sucedidas. De volta a Viena, retoma o trabalho para os nobres húngaros e morre em 1809, reverenciado internacionalmente.

eu pude sedimentar um sistema que me norteou ao longo da minha atividade como músico: eu aprendi a me autodisciplinar.

Ó MÚSICO E Ó MAESTRO

Durante os estudos no Conservatório de Freiburg, resolvi participar de um outro concurso como oboísta. Só que, desta vez, meu propósito era realmente vencer. Eu precisava desesperadamente ganhar aquele concurso. Estava passando dificuldades, numa pobreza de fazer gosto, e o concurso pagava na época uma bela quantia. Ganhar aquele prêmio não era só uma questão de afirmação pessoal. Eu queria vencer para ter um pouco de folga financeira. Os concorrentes eram todos estudantes de oboé do Conservatório. Estudei muito, como sempre, e tirei o primeiro lugar com o "Quarteto para Oboé e Cordas", de Mozart[37].

O oboé era o meu instrumento complementar em Freiburg. Aliás, todo estudante de regência deveria se dedicar também ao estudo de algum instrumento de orquestra. Não é obrigatório, mas é o ideal. Por quê? Quando você participa de ensaios como um dos músicos, tem oportunidade de observar de perto as qua-

---

[37] Johann Chrysostom Wolfgang Amadeus Mozart (1756-1791) é considerado o maior prodígio da história da música, tendo se destacado em todos os aspectos da composição musical. Ainda menino, surpreendeu os salões aristocratas europeus, incrédulos com seus dotes precoces. Aos cinco anos de idade tocava minuetos; aos nove compunha sinfonias; aos quinze já tinha criado mais de cem peças musicais. Dos catorze aos dezessete, escreveu óperas, sinfonias, concertos, sonatas, divertimentos. Tentou trabalhar na corte do arcebispo de Salzburgo, onde nasceu, mas não foi feliz. A aristocracia, que ele tanto encantou, virou-lhe as costas, e ele passou a dar aulas. Morreu aos 35 anos, sem nunca deixar de compor. Foi enterrado num subúrbio de Viena, num dia de chuva, em vala comum.

lidades e os defeitos das pessoas que estão regendo. Você está do outro lado, no meio da orquestra, e isso lhe oferece uma perspectiva muita ampla sobre a atividade do maestro. Eu aprendi muito observando principalmente os defeitos dos outros, vendo tudo o que não deve ser feito durante um ensaio.

Alguns regentes saltam do piano diretamente para a orquestra. Não vêm do miolo. E é dali que você ouve o comentário dos músicos: "Esse regente é bom." E quando você pergunta por quê, o que faz com que aquele regente seja melhor do que o outro, a resposta é imediata: ou porque ele é claro na sua técnica, ou porque é musical, ou porque consegue motivar a orquestra a fazer o que ele quer. Enfim, você ouve dos músicos aquilo que eles idealizam em relação ao maestro. E é com eles que você aprende.

O músico respeita o profissional. Ele dá uma importância muito grande ao maestro que ouve. Você pode dizer: "Bom, mas todo maestro é obrigado a ouvir." É, deveria ser; mas tem maestro que não ouve. Não ouve. A orquestra pode tocar a nota errada que — a não ser que ocorra alguma coisa muito flagrante, que qualquer pessoa seja capaz de perceber que está havendo alguma coisa estranha — ele não ouve. Isso acontece com muita freqüência. Com muito maior freqüência do que se imagina. Certos maestros não possuem a capacidade auditiva. Não conseguem, por exemplo, reconhecer uma nota errada quando a orquestra está tocando um fortíssimo. Um maestro só pode ser considerado bom na medida em que seu ouvido seja absolutamente perfeito. Ele não vai só reconhecer as notas erradas; ele vai reconhecer uma emissão errada, um golpe de arco errado... Num ensaio, o maestro que ouve pára imediatamente a orquestra e corrige o músico: "Olha, você está tocando uma nota errada." O músico respeita isso.

Em cima do ouvido repousa a nossa profissão. Sem ouvido você não consegue fazer nada. Já um compositor, desde que tenha ouvido interior, não precisa ouvir. Mas, ainda assim, teria que ser um gênio, como foi Beethoven, para saber escrever da maneira como ele escrevia. Foi um drama terrível, um período de muito sofrimento. Um compositor que era capaz de criar, mas não conseguia ouvir o resultado daquilo que escrevia. Ele apenas imaginava[38].

O FANTASMA DA GUERRA

Os anos passados na Alemanha foram marcados por dois sentimentos antagônicos. As feridas da guerra ainda estavam abertas, vivas, e era possível sentir traços do nazismo ainda muito presentes. A Alemanha não fora inteiramente "desnazificada". Esse processo durou anos e anos. Tudo aquilo que a Segunda Grande Guerra representou para a Alemanha ainda vivia no psiquismo das pessoas.

Eu mesmo presenciei diversas manifestações anti-semitas no Conservatório de Freiburg. E, como judeu, vivi pessoalmente algumas experiências muito desagradáveis. Em uma daquelas minhas noitadas de estudos, fui interrompido por um professor de trombone, certamente um anti-semita, que invadiu a sala de aula

---

[38]Ludwig van Beethoven (1770-1827), compositor e pianista virtuoso, que exibiu sua técnica nos palácios da aristocracia vienense, teve mais sorte que Mozart: os nobres sempre o protegeram. No entanto, teve que abandonar o piano com pouco mais de 30 anos devido à surdez que não conseguia mais esconder. Chegou a pensar em matar-se: "Ó, vós, que me considerais hostil", escreveu em seu famoso testamento, "não conheceis as causas secretas que me fazem agir assim (...) Não me era possível dizer às pessoas: 'falem mais alto, gritem, porque estou surdo!' (...) Como podia proclamar a falta de um sentido que deveria possuir num grau mais elevado do que qualquer outro?" A surdez, entretanto, abriu-lhe as portas para uma música ainda mais profunda, e ele rendeu-se a ela: "(...) foi a arte, e só a arte, que me salvou!"

aos berros e me obrigou a sair. Como o meu alemão era péssimo naquela época, eu não entendi exatamente por quê, mas soube depois que ele se manifestara de uma forma pejorativa em relação aos judeus. Eu não disse absolutamente nada, mas foi o meu primeiro contato com esse tipo de intolerância. Até então, eu nunca vivenciara esse tipo de preconceito na pele. Muito menos dessa forma tão aguda como existia lá na Alemanha.

Foi quando percebi que nem tudo era o mar de rosas que eu imaginava. Existiam ainda cicatrizes profundas dentro da mentalidade alemã, que evocavam um passado anti-semita difícil de ser superado, porque fazia parte da própria psique desses países. Não só da Alemanha, é verdade, mas foi ela que conseguiu, por meio do anti-semitismo, cristalizar todo um movimento nacional, extremo, que desembocou numa das práticas mais perversas de que se tem notícia na história da humanidade: os campos de concentração e o extermínio sistemático de seis milhões de judeus. Como jovem estudante, eu julgava que tudo aquilo havia sido superado, que o anti-semitismo era uma coisa do passado. Mas não. Era latente e determinava o comportamento de muitas pessoas.

Claro que nem todos os alemães nutriam esse tipo de sentimento. Esses manifestantes representavam uma pequena minoria. Tanto que eu criei um grupo de grandes amigos alemães, fui muitas vezes convidado a freqüentar suas casas, passei alguns Natais junto com suas famílias. Quer dizer, mesmo jovem, eu conseguia reconhecer que a sociedade alemã tinha elementos muito positivos. Apesar de ter sido aviltada pelo nazismo, ainda era possível perceber que existiam remanescentes de uma sociedade sadia. Acho que foi isso que me fez suportar viver sozinho na Alemanha durante tanto tempo.

Embora meus bons amigos alemães me tenham feito esquecer esses incidentes, tenho consciência de que para muitos judeus isso foi impossível. Isaac Stern, por exemplo, até pouco tempo antes de morrer se recusava sistematicamente a tocar na

Alemanha[39]. Eu até entendo. Como entendo por que a música de Wagner não é executada em Israel até hoje. Muitas pessoas que atualmente vivem em Israel sofreram toda essa perseguição sistemática, algumas passaram pela experiência dos campos de concentração ao som das óperas de Wagner. Quer dizer, esse sentimento tem que ser respeitado. Eu posso compreendê-lo, mesmo reconhecendo em Wagner um dos maiores gênios de toda a humanidade.

Richard Wagner[40] foi um compositor de síntese, que conseguiu reunir na sua linguagem o passado impregnado do futuro. Nele estão presentes, simultaneamente, a consolidação dessa linguagem que nós chamamos de tonalidade e a sua desintegração, através do cromatismo[41]. Na música de Wagner já se pressente toda a transformação de uma época. Ele conseguiu transformar genialmente a sua música num dos maiores monumentos da criação até hoje.

---

[39]"O corpo inteiro toca um instrumento e não apenas os dedos e as mãos", dizia aos seus alunos aquele que é considerado um dos maiores violinistas do século XX, Isaac Stern. Nasceu na Rússia, viveu nos Estados Unidos, apresentou-se nos mais importantes auditórios do mundo. Tocou na União Soviética em plena Guerra Fria, na China, logo após Revolução, e em Jerusalém, com a Filarmônica de Israel, depois da Guerra dos Seis Dias. "Eu não escolhi o violino. Foi ele que me escolheu." Morreu em 2001, aos 81 anos.

[40]Wilhelm Richard Wagner, compositor alemão nascido em Leipzig, em 1813, compôs algumas das maiores óperas da história da música. "As Fadas" e "O Amor Proibido" foram as primeiras, compostas aos 20 anos. "Rienzi" surgiu em 1842, quando Wagner estava bastante envolvido com a revolta de Dresden. Em seguida a "O Navio Fantasma", cria "Tannhauser" e "Lohengrin", ambas de 1845. Exilado na Suíça, compõe "Tristão e Isolda". Em 1862, a Alemanha reabre suas portas para o filho pródigo, que parte em busca de seu sonho, a criação de uma sede para realizar seu conceito de *Gesamtkunstwerk*, que integraria todas as formas de arte. O rei Ludwig II, da Baviera, financia seu sonho e, em 1876, no I Festival de Bayreuth (o templo da arte total), ele estréia o ciclo completo do Anel: dezoito horas de música, reunindo as óperas "O Anel dos Nibelungos", "O Ouro do Reno", "As Valquírias" e "Crepúsculo dos Deuses". "Parsifal" foi sua última ópera, apresentada em 1882. Morreu no ano seguinte, num inverno em Veneza.

[41]É o uso, em uma composição, de notas que não fazem parte da escala diatônica do tom em que ela está escrita. Foi o primeiro passo no sentido da dissolução da tonalidade, sendo, assim, um precursor do atonalismo.

Mas existe uma imensa distância entre o Wagner músico, artista, e o Wagner escritor. Aquele libelo antijudaico que ele escreveu, "Musik und Judentum", colocando, preto no branco, por que não gostava de judeus, não passa de um manifesto vulgar redigido por um escritor sem nenhum talento. Eu li esse livro e achei grosseiro, até mesmo na forma de ele se expressar, de expor suas idéias. Nesse sentido, há uma enorme barreira que separa o Wagner criador e músico do Wagner escritor e pensador. Há um abismo entre as suas "obras literárias" e suas obras musicais.

Não é à toa que alguns intérpretes judeus que se dedicam à sua música — como Daniel Barenboim, Bruno Walter, James Levine[42] e, modestamente, eu mesmo — ignoramos completamente esse lado do compositor quando regemos as suas obras. Como intérpretes, temos que respeitar em primeiro lugar o grande valor intrínseco à obra de Wagner. E esse valor é transcendente. Ele supera as limitações e os provincianismos da sua ideologia. Por isso, quando estou regendo Wagner, só penso no imenso poderio que tem a sua música e no fascínio que ela ainda consegue exercer sobre tantas gerações.

Wagner só foi um ideólogo em relação às suas óperas. Nisso ele foi perfeito. Ele foi o primeiro a pensar a ópera como uma obra que refletisse a unidade de todas as artes. Foi o primeiro a pensar

---

[42]Daniel Barenboim (1942), pianista e maestro argentino, regeu a Orquestra de Paris, foi diretor musical e artístico da Opéra Bastille, é regente da Orquestra Inglesa de Câmara desde 1965, da Sinfônica de Chicago desde 1991 e da Ópera Nacional Alemã, em Berlim, desde 1992. Bruno Walter, originariamente B. W. Schlesinger, nascido em Berlim em 1876, trabalhou com Gustav Mahler na ópera da corte de Viena, tendo sido o primeiro a reger sua "Nona Sinfonia". Foi diretor da ópera de Munique (1913-22) e dos concertos da Gewandhaus, em Leipzig (1929), tendo tido uma série de cargos importantes em Berlim e Viena. Com a ascensão do nazismo, exilou-se nos Estados Unidos, onde regeu a Orquestra Sinfônica de Los Angeles e a Filarmônica de Nova York. Morreu em Beverly Hills em fevereiro de 1962. James Levine nasceu em Cincinnati, em 1943. Preferido de Karajan, foi regente assistente em Cleveland (1964-1970) e desde 1975 é diretor musical do Metropolitan Opera House. Assumiu a Orquestra Sinfônica de Boston em 2002.

nessa visão de grande espetáculo. A obra como uma síntese de toda a tradição e de toda a riqueza da cultura alemã, da cultura nórdica. Foi ele o primeiro a ressaltar os valores da *anima* germânica que não estavam presentes em nenhum compositor. Foi o primeiro a articular a obra de arte total. Essa é a tradução literal da *Gesamtkunstwerk* — proposta que ele levaria às últimas conseqüências em suas óperas.

O PODER DO GESTO

Karajan é um desses fenômenos estranhos. Um grande gênio da regência, mas um homem cuja carreira se consolidou a partir do nazismo. Na Alemanha, ainda como estudante, eu pude assistir a um dos seus concertos, que me impressionou demais. Lembro que o espetáculo custava uma fortuna na época. Quinze marcos. Mas eu consegui juntar todo esse dinheiro e fui vê-lo em Freiburg.

Ele estava no auge do seu potencial como intérprete. Como ouvinte, foi meu primeiro contato com Karajan, uma figura mítica na música, e com a Orquestra Filarmônica de Berlim, que, para mim, é um ponto de referência fundamental[43]. Tive

---

[43]"Berlim goza de precedência entre as orquestras graças à extraordinária sucessão dos seus maestros", afirma Norman Lebrecht. Fundada em 1882, a Filarmônica de Berlim passa às mãos do rigoroso Hans von Bulow cinco anos depois. Apesar de se considerar "apenas a batuta de Wagner", ficou famoso pelos ensaios intermináveis e por obrigar seus músicos a tocar de memória: "É preciso ter a pauta na cabeça, não a cabeça na pauta." Em 1895 foi a vez do húngaro Arthur Nikisch, que os músicos batizaram de Mágico: "Só posso reger se sinto a música em meu coração." Wilhelm Furtwangler assumiu em 1922 e só saiu em 1954, obtendo uma tal integração com seus músicos "que pareciam respirar juntos". No ano seguinte, Herbert von Karajan, o Barão Vermelho, inicia o seu longo e virtuoso reinado.

uma sensação indescritível. Primeiro, porque me parecia impossível que uma orquestra conseguisse reproduzir aquela riqueza de sons, com timbres tão diferenciados, com uma dinâmica tão controlada, que podia ir de um pianíssimo quase inaudível a um fortíssimo ensurdecedor, com uma musicalidade tão latente. São méritos, evidentemente, não só da Filarmônica de Berlim, mas daquele homem que plasmou essa sonoridade num todo uniforme. Esse homem era Herbert von Karajan[44].

Eu tive a felicidade de ouvi-lo naquela época e muitos e muitos anos depois, no Festival de Salzburgo, um pouco antes da sua morte, quando ele regia a "Sinfonia Fantástica", de Berlioz,[45] e a "Segunda Sinfonia", de Beethoven. Foi neste festival que Maria Helena e eu, junto com Iluska e Mário Henrique Simonsen, Myriam e Luiz

---

[44]O austríaco Herbert von Karajan, nascido em Salzburgo em 1908, foi um dos principais regentes de sua geração. Sua carreira meteórica coincidiu com a ascensão do Nacional Socialismo na Alemanha, e sua ligação com os nazistas marcou-o para sempre, mesmo tendo sido declarado inocente das acusações de colaboração política com o regime de Hitler. "À minha frente estava aquele papel que se interpunha entre mim e um poder ilimitado... então eu disse, ora bolas, e assinei", declarou sobre as razões que o levaram a se filiar ao Partido Nazista. Durante as investigações, impedido de reger, foi liberado para gravar, e suas gravações o tornaram mundialmente famoso. Em 1955 assumiu a Filarmônica de Berlim — "serei um ditador" — e foi seu principal regente até 1989, ano de sua morte.

[45]Louis-Hector Berlioz, compositor francês nascido em 1803, trocou a Medicina pela música, mas não conseguiu o reconhecimento com que sonhava, tendo que recorrer ao Jornalismo para sobreviver. Entre as décadas de 40 e 60, fez diversas turnês ao exterior e foi saudado como regente e compositor avançado na Rússia. Perdas afetivas aliadas às decepções profissionais o abateram profundamente. Sua "Sinfonia Fantástica", inspirada pela paixão por uma atriz, fala de um jovem artista que, apaixonado, ingere uma dose excessiva de ópio e tem alucinações. Morreu em Paris em 1869, deixando, além de três óperas, obras corais, vocais, orquestrais e literárias.

Cirillo Fernandes, o vimos dirigindo "Don Giovanni", de Mozart[46]. Nessa noite, em Salzburgo, enquanto o via regendo, lembrei-me do concerto em Freiburg e, até inconscientemente, estabeleci um paralelo entre aqueles dois momentos distintos de Karajan.

O que mais me impressionou foi que sua técnica mudara muito pouco. Ele foi sempre um regente absolutamente contido. O seu gestual refletia um homem que tinha perfeita consciência do poder do gesto — que era econômico, conciso e rigorosamente funcional. Nada era supérfluo. Nada tinha um efeito gratuito, com intenção de impressionar as multidões. Para mim, essa foi a grande lição de Karajan. Não é necessário pular no pódio e ter um ataque para atingir um fortíssimo. Você pode obter esse mesmo efeito por meio de uma ligeira distensão das mãos, dos braços. É uma questão de condicionar o movimento a um propósito e a um conteúdo musical específicos. Um gesto não pode ser um gesto vazio, sem nenhuma conotação musical.

Ao ver Karajan reger, você até esquece que ele construiu sua carreira a partir do nazismo. Goebbels[47], Ministro da Propaganda de Hitler, aproveitou a ascensão de Karajan, um dos promissores jovens regentes alemães, para estabelecer um confronto

---

[46]Ópera em dois atos sobre as aventuras de Don Giovanni (Don Juan), um cativante e libertino sedutor que contabiliza conquistas amorosas.
[47]Josef Goebbels (1897-1945), Ministro da Propaganda e da Informação da Alemanha nazista, foi o principal responsável pela propagação do culto ao *Führer*. Alguns estudiosos o reconhecem como o criador da saudação "Heil, Hitler!". Mantendo absoluto controle sobre as atividades culturais do país, usava a tática da manipulação das massas para incitar o povo e os soldados à "guerra total". Promoveu a queima de livros de autores considerados perigosos ao regime e conduziu o povo à trágica "Noite dos Cristais", quando foram atacadas e destruídas lojas, sinagogas e residências de famílias judias. Com a vitória aliada, escolheu o mesmo destino de Hitler, suicidando-se junto com a mulher e os filhos.

com Wilhelm Furtwangler[48], que tinha uma posição respeitada na Alemanha, mas oferecia resistência à ideologia nazista — apesar de ter ficado lá. Sim, porque, sob uma perspectiva histórica, quem não concordasse com o nazismo deveria ter saído de lá. Era o melhor a ser feito. Seria, digamos, a atitude politicamente correta. Mas eu reconheço que é muito difícil as pessoas abandonarem seu país para recomeçar a vida em outro lugar.

Muitos, como Richard Strauss, que era já um octogenário, preferiram ficar, mesmo tendo que reger os hinos patrióticos nazistas durante as Olimpíadas de 1936[49]. Mas nada tira a genialidade de Richard Strauss[50]. Ao contrário de Karajan, ele foi um

---

[48]Gustav Heinrich Ernst Martin Wilhelm Furtwangler nasceu em Berlim em 1886 e ocupou vários cargos antes de substituir Arthur Nikisch como regente principal da Filarmônica de Berlim de 1922 a 1945. Ao contrário de outros músicos, permaneceu na Alemanha durante o governo nazista ("para proteger a herança musical alemã"), tendo sido julgado e inocentado pelo tribunal aliado após o fim da guerra. "Ele nunca foi nazista nem anti-semita. É um verdadeiro talento e ama a música", declarou Schoenberg. Muitos dos que ficaram na Alemanha afirmavam que "um concerto de Furtwangler a cada semana ou duas era uma razão para permanecer vivo".

[49]Em 1931, o Comitê Olímpico escolheu Berlim para sediar as Olimpíadas de 1936 sem saber que, dois anos depois, Hitler subiria ao poder. Muitas vozes se ergueram contra a realização dos Jogos Olímpicos, símbolo da paz, numa nação que se mostrava cada dia mais bélica. Venceu o tradicional argumento "esporte e política não se misturam". Decidido a provar ao mundo a superioridade da raça ariana, o alto comando nazista investiu maciçamente na festa "pela glória do esporte e do III Reich". Não contava, porém, com a presença de um ex-catador de algodão do Alabama, o negro Jesse Owens, que arrebatou quatro medalhas de ouro na XI Olimpíada.

[50]O compositor alemão Richard Georg Strauss nasceu em Munique em junho de 1864 e começou a compor aos seis anos de idade. Sem nunca deixar de compor, foi regente de Ópera da Corte de Munique, de Weimar, Berlim e Viena. Reconhecido como o principal compositor de vanguarda da Alemanha, volta-se para a ópera, escrevendo "Salomé", "Elektra", "O Cavaleiro da Rosa", "Ariadne em Naxos", "A mulher sem sombra", "Helena do Egito" e "Arabella". Durante os anos 30, deixou-se envolver pelos nazistas, sendo nomeado presidente da Câmara de Cultura do Reich. Uma nora judia e um libretista judeu, Stefan Zweig, o afastaram do cargo. Durante a guerra, passou a maior parte do tempo em Viena, compondo. Com a derrota da Alemanha e a destruição dos seus teatros líricos, compôs "Metamorfose", intenso lamento para 23 cordas solistas. Morreu em sua casa em 1949.

homem utilizado pelo nazismo. Strauss não tinha opções; Karajan subiu graças ao nazismo. Furtwangler, por sua vez, foi um elemento de reação, mas implantado dentro do próprio regime. Ou seja, cada caso é um caso. E cada caso simboliza o enorme dilema vivido pelo artista em relação aos movimentos políticos. A natureza do artista não é política. Ele está acima desses períodos que representam a exacerbação do ser humano, quando se desenvolvem e proliferam certas ideologias.

ARTE E POLÍTICA

Acredito que os músicos em geral não estejam comprometidos com nenhuma ideologia. Existem raras exceções. Na Alemanha, por exemplo, um dos regentes que se filiaram ao partido de Hitler com convicção, acreditando estar fazendo a opção certa, foi Clemens Krauss[51]. Esse, sim, foi ideologicamente nazista. Um anti-semita radical e convicto, que passou à história como um dos nazistas mais declarados do seu tempo. Clemens Krauss foi um dos libretistas da última ópera de Strauss, "Capriccio"[52], que regi recentemente em Veneza. Ele tomou o lugar de Stefan Zweig, o libretista original,

---

[51] O regente austríaco Clemens Krauss (1893-1954) estreou em ópera em Brno, 1913. Trabalhou em Frankfurt, foi diretor da Ópera Estatal de Viena, de Berlim e da Ópera de Munique. Regeu as *premières* de três óperas de Strauss, recusadas por outros maestros por motivos políticos: "Arabella", "Dia de Paz" e "O Amor de Danae".

[52] "Capriccio", última ópera de Richard Strauss, estreou em Munique em 28 de outubro de 1942. A ação se passa no castelo da condessa Madeleine, em Paris, por volta de 1775, e o tema é a própria ópera. O compositor Flamand e o poeta Olivier, rivais na arte e no amor, discutem sobre o que é mais importante e mais profundo: a palavra ou a música? Qual exprime melhor o pensamento? Qual é a arte mais sublime? E qual deles — o poeta ou o músico — a condessa escolherá?

abolido pela revolução estética nazista pelo fato de ser judeu[53]. Já Karajan e Richard Strauss se ligaram ao partido por mero oportunismo—uma posição diferente daquela tomada por Clemens Krauss. Por essa razão, eu prefiro crer que alguns músicos, quando se comprometem com uma estrutura partidária, não o fazem por convicção. Como foi o caso de Shostakovich[54] ou de Prokofiev[55] sob o stalinismo, na então União Soviética, quando

---

[53]Stefan Zweig (1881-1942) nasceu em Viena, Áustria. Escreveu ensaios sobre escritores e filósofos, peças de teatro, libretos, biografias romanceadas e romances, como *O jogo real*, que mostra a destruição psicológica de um intelectual judeu interrogado pela Gestapo de Hitler. Fugindo da perseguição dos nazistas, emigrou para Londres em 1934 e, posteriormente, para os Estados Unidos e o Brasil, onde escreveu *Brasil, país do futuro*. Amargurado com a expansão do nazismo e sentindo-se incapaz de recomeçar a vida em outro país, suicidou-se com sua mulher em Petrópolis, no Rio de Janeiro.

[54]Dmitri Dmitrievich Shostakovich (1906-1975) formou-se no Conservatório de Petrogrado e, como muitos compositores soviéticos de sua geração, tentou conciliar sua criatividade com o socialismo revolucionário. Escreveu música para balés, óperas, peças de teatro e filmes. O jornal oficial do Partido Comunista atacou sua ópera "Lady Macbeth de Mtsensk" no artigo "Lama em vez de música". Tentou voltar-se para obras mais convencionais, mas não foi capaz de trair sua natureza musical. Em 1948, mais uma vez condenado, passou cinco anos escrevendo cantatas patrióticas e músicas intimistas. A morte do ditador soviético Stalin libertou o compositor, que lutou pela independência criativa até o fim em canções que abordavam a luta do artista por sua liberdade.

[55]Sergei Sergeievich Prokofiev (1891-1953), compositor russo, estudou no Conservatório de São Petersburgo e passou alguns anos trabalhando na Inglaterra, nos Estados Unidos e na França. Sua obra é extensa e abrange todos os gêneros, inclusive óperas ("O jogador", "O amor por três laranjas", "O anjo de fogo", "Guerra e Paz") e balés ("O bufão", "O filho pródigo", "Romeu e Julieta", "Cinderela"). É autor do clássico poema sinfônico "Pedro e o lobo" e da trilha sonora de "Alexander Nevski" e de "Ivã, o terrível", filmes de Eisenstein. Segundo seu biógrafo, Daniel Jaffé, enquanto no exterior era considerado um compositor bolchevique, na União Soviética era acusado de formalista e burguês, "um traidor que só buscava o reconhecimento europeu". Em 1947, sua mulher foi presa e condenada a vinte anos de prisão na Sibéria. Sozinho e apavorado — alguns amigos mortos, outros presos e executados —, pede desculpas ao governo e abjura suas idéias "atonais". Inutilmente. Para o Comitê Central, "História de um homem real", sua nova ópera, "tinha sérios defeitos ideológicos e ultrajava o espectador soviético". Prokofiev morreu em 5 de março de 1953, em Moscou, sem direito a flores: todas haviam sido usadas para o funeral de Stalin.

se repetiu, com outras cores e com outro acento, aquilo que os compositores e músicos tinham vivido durante o nazismo. Embora eles tenham vivido na Rússia, convivido com Stalin e chegado inclusive a escrever obras louvando o stalinismo, como Prokofiev, que escreveu uma cantata à revolução de 1917, eu rigorosamente não posso dizer que eles tenham sido ideologicamente comunistas. Digamos que eles foram envolvidos por Stalin[56], mas afirmar que eles tenham, na sua arte, manifestado em alguma época uma posição partidária seria no mínimo leviano.

Ambos foram compositores estigmatizados pelo próprio regime stalinista: ou compunham daquela maneira, no estilo da música esteticamente politizada, ou eram expurgados pelo regime; ou eles deixavam a Rússia ou eram mandados para a Sibéria. Não foi o caso de muitos outros compositores que viveram sob o jugo de Stalin e eram declaradamente comunistas. Eram tantos e tantos e tantos que nem vale a pena mencionar — sobretudo porque não tiveram a menor significação histórica.

Wagner foi um caso completamente diferente. Primeiro, porque ele não era obrigado a optar. Morreu em 1883 e não se deparou com os mesmos desafios, os mesmos problemas com os quais se defrontaram os compositores que viveram sob o jugo de uma ditadura — seja de direita ou de esquerda. Não se pode

---

[56] Iossif Vissarionovitch Djugachvili (1897-1953), que adotou o pseudônimo de Stalin (homem de aço), afirmou sua autoridade após a morte de Lenin. Em pouco tempo, reforçou seu poder como líder absoluto da União Soviética após prender, exilar e executar inúmeros cidadãos comuns e líderes políticos — inclusive o sucessor natural de Lenin, Trotsky. Diante da hostilidade dos ocidentais, assinou o pacto germano-soviético, que Hitler não respeitou. Durante a Segunda Guerra Mundial, tropas alemãs invadiram a União Soviética, mas acabaram derrotadas na batalha de Stalingrado. Com a vitória aliada, Stalin tornou-se um dos líderes mundiais.

negar que ele era um anti-semita convicto. Não gostava de judeus. E foi usado pelo partido nazista. Tanto que, quando Hitler assumiu, as primeiras pessoas prestigiadas pelo seu governo foram as da família Wagner.

Algumas pessoas talvez não compreendam o fato de um judeu ter escolhido justamente a Alemanha para estudar regência. Mas essa opção teve várias razões. Eu estudava no Brasil com um professor alemão, Koellreuter. A Escola de Música era financiada pela PróArte, que na época era dirigida pelo Heuberger, uma pessoa grata ao governo alemão. Os alemães com os quais eu convivi aqui no Brasil nada tinham de anti-semitas. E, principalmente, a Alemanha sempre foi o país da música. Ou seja, na verdade, foi uma conjugação de fatores que me levou a estudar na Alemanha.

E foi lá que eu cristalizei a minha preferência por um determinado repertório que iria me acompanhar a vida toda: o repertório pós-romântico alemão, que nunca me abandonou e estabeleceu um marco na minha sensibilidade. Eu falo isso não apenas em relação aos compositores, mas também em relação aos autores alemães. Eu estou falando de Stefan Zweig, que, por coincidência, morreu aqui no Brasil; falo de Thomas Mann[57], que comecei a ler ainda na fase em que estive envolvido com o movimento sionista socialista; de Goethe[58] e dos

---

[57]Thomas Mann (1875-1955), escritor alemão, uma das grandes expressões do realismo literário, ganhou o Prêmio Nobel em 1929. Contrário aos ideais nazistas, saiu da Alemanha e tornou-se cidadão americano. Escreveu *Os Buddenbrooks*, *Morte em Veneza*, *A montanha mágica*, que, como toda a sua obra, analisa profundamente a condição humana diante da história, da morte, da arte e da vida.
[58]Johann Wolfgang von Goethe (1749-1832), um dos maiores escritores em língua alemã, foi também político e filósofo. Sua obra inclui poesia lírica, épica, baladas, peças teatrais, romances, contos e obras autobiográficas, como *Os sofrimentos do jovem Werther*, que narra suas desventuras amorosas. Seu *Fausto*, herói que, apesar de dominar o conhecimento, não alcança o mistério da vida, foi tema da ópera de Charles Gounod.

filósofos alemães da Escola de Frankfurt, como Theodor Adorno e Walter Benjamin[59]. Ou seja, aquelas figuras que viriam a estabelecer os contornos da minha formação intelectual. Antes deles, os autores que mais me atraíram foram Arthur Koestler[60] e Romain Rolland[61], que, apesar de francês, faz parte dessa cultura humanística alemã.

Foi na Alemanha que eu descobri os filósofos da Escola de Frankfurt, cuja leitura foi extremamente difícil, principalmente Benjamin, que era muito hermético para mim e continua sendo até hoje. Trata-se de uma linguagem muita densa, que você só pode compreender lendo na sua língua materna. A minha primeira vez foi em alemão. Mais tarde, nas versões em português, fui compreendendo sempre um pouco mais e passei a me interessar por Adorno, uma referência para nós, músicos.

Adorno era um filósofo que não se contentava em esmiuçar o conteúdo da linguagem de cada compositor. Ele procurava descobrir as raízes que teriam propiciado o desabrochar dessa linguagem. Era um homem profundo. Ele me ajudou a compreender

---

[59] Theodor Adorno, Walter Benjamin e Max Horkheimer fazem parte de um grupo de filósofos e pesquisadores alemães que, na década de 20, refletiram sobre a razão, a ciência e o capitalismo. Considerando a racionalidade tecnológica do mundo moderno uma nova forma de dominação cultural, estimularam a reflexão crítica nos países sul-americanos.

[60] Arthur Koestler (1905-1983) nasceu em Budapeste, Hungria. Jornalista e escritor, seu primeiro livro, *The Gladiators*, é de 1938. Seguiram-se vários outros, como *Darkness at noon*, *Scum of the Earth* (relatando suas experiências num campo de concentração) e *Insight and Outlook* (primeira versão da teoria da criatividade). Nos Estados Unidos, publica uma série de livros com teor anticomunista e se dedica a escrever sobre ciência e novelas. Vítima de leucemia, suicida-se com sua mulher em Londres, deixando incompleto o terceiro volume do seu livro de memórias.

[61] Romain Rolland (1866-1944), escritor francês, é autor de biografias, como as de Beethoven e Tolstoi, ensaios literários, peças de teatro e romances políticos. *Jean Christopher* levou oito anos para ser escrito e aborda a luta do homem contra a mediocridade e a corrupção reinantes na sociedade moderna. Em 1915 ganhou o Prêmio Nobel de Literatura.

o lado emocional da música de Mahler. Sua análise psicológica da obra desse compositor é muito interessante.

Na realidade, não é por mero acaso que esses livros me acompanharam da minha juventude até hoje. Todos eles se ligam ao humanismo, o lado melhor da cultura alemã, e trazem elementos de profunda reflexão sobre a missão do homem no mundo. Falam do destino, da importância da arte e do artista, e de como é importante criar para se perpetuar. Eles me ensinaram a encontrar na vida um propósito, e na arte, uma maneira de ser.

O VISLUMBRE DA ATONALIDADE

Gustav Mahler[62] se coloca como uma figura de transição entre o final da tonalidade e o vislumbre da atonalidade. É um compositor de transição, mais do que de síntese. Quando você lê Theodor Adorno, você começa a compreender que esses elementos são dialéticos.

Mahler sempre foi um compositor enigmático, que se colocava no limiar de duas épocas. Ao mesmo tempo em que você

---

[62]Gustav Mahler (1860-1911), compositor e regente austríaco, foi diretor da Ópera Imperial de Viena, da Orquestra Filarmônica de Viena e maestro titular da Metropolitan Opera House, de Nova York. "Não existem más orquestras", garantia, "e sim maus regentes". Escreveu dez sinfonias, vários ciclos de canções e poemas cantados (*lieder*). "Disciplina, trabalho; trabalho, disciplina" era seu lema. Thomas Mann o considerava o primeiro grande homem que conhecera, e Stefan Zweig afirmou "nunca ter sentido tão profundamente o heróico num homem". Seu desejo era "viver somente para minhas composições", mas "teve de morrer para sua obra ficar livre". Forçado a se afastar do templo com que sempre sonhara e que elevara a uma posição ímpar na história do teatro lírico (Viena), morreu do coração antes de completar sua décima sinfonia.

pressentia na sua música a desintegração de um sistema de composição tradicional, que é a tonalidade, você já intuía o nascimento daqueles elementos que propiciariam a outros compositores — como Schoenberg e Webern[63], na Áustria — a criação de novas formas de expressão e de comunicação, que foram a atonalidade e o dodecafonismo. O dodecafonismo baseado na atonalidade, que é um sistema completamente diverso.

Durante 350 anos o homem expressou-se musicalmente através da tonalidade. A partir da segunda década do século XX, os próprios elementos da tonalidade ensejariam a formação da atonalidade. Isso parece difícil de entender — e até de explicar —, mas é um fenômeno lógico, tal como aconteceu entre a Idade Média e o Renascimento, quando houve a transição da modalidade para a tonalidade. Podemos compará-los aos famosos sistemas operacionais do computador. Só que o sistema atonal é baseado numa linguagem que poucos entendem. Como a música atonal a princípio soa mal aos ouvidos não-iniciados, pode parecer muito problemática. É preciso vivenciá-la para poder ter acesso a ela.

---

[63]Arnold Schoenberg (1874-1951), compositor austríaco, criador do método composicional dodecafonismo, viveu entre Berlim e Viena, dedicado à composição e trabalhando como professor e pianista de cabaré. Nomeado compositor da Academia de Artes de Berlim, foi expulso pelo nazismo (1933) e emigrou para os Estados Unidos, onde permaneceu até sua morte. Além de inúmeras composições, publicou vários tratados e uma coleção de ensaios críticos e autobiográficos. Entre seus seguidores, representantes do expressionismo musical —, quando "desaparecem a tonalidade, a temática e as limitações rítmicas" —, estão os austríacos Alban Berg (1885-1935) e Anton von Webern (1883-1945). Segundo Kurt Pahlen, Alban provou com "Wozzeck" que "a verdadeira dramaticidade e o sentimento humano profundos podem ser expressos em música atonal". Webern mergulhou ainda mais fundo na atonalidade, ponto de partida para a música serial e eletrônica: "Para compreender e apreciar suas obras, o ouvinte deve renegar as antigas formas de compreensão." Morreu no final da Segunda Guerra, quando, desobedecendo ao toque de recolher, foi atingido pela bala de um soldado americano das tropas de ocupação.

A música oriental, por exemplo, é baseada em um sistema que reconhece intervalos menores que o meio-tom, a distância máxima que o ouvido ocidental reconhece entre duas notas. É por isso que ela soa estranha. Ela contém intervalos de quartos de tom. Tem aqueles glissandos[64]. Você não consegue reconhecer porque é uma linguagem estranha, um sistema operacional diferente.

Na música de Mahler você identifica os elementos de desintegração de uma época, quase como um prenúncio da Primeira Guerra Mundial. Você sente na sua música aquela tragédia que ele, de uma certa maneira, intuiu quatro anos antes da eclosão da Primeira Guerra, que seria um divisor de águas, porque até então o mundo vivia aparentemente sem maiores conflitos.

A Primeira Grande Guerra coincide com a revolução comunista. Foi quando o homem, pela primeira vez, fez uso de armas químicas. Gerações de jovens foram dizimadas de maneira brutal. Foi uma sacudida violenta que afetou a geração da década de 20 e nos levaria automaticamente à Segunda Grande Guerra, que foi sem dúvida um prolongamento da Primeira. Os problemas que não tinham sido resolvidos na Primeira Guerra se transferiram, de maneira exacerbada, para a Segunda Guerra. Por isso que eu digo que a Primeira Guerra não veio sozinha; ela veio acompanhada de todas as suas mazelas, como os campos de concentração.

O homem viveu entre 1914 e 1945 os seus piores momentos. E essa angústia, essa decomposição dos valores morais, essa fermentação que estava no ar, você pressente na música de Mahler. Quando ele termina o seu adágio da "Nona Sinfonia" — que ele escreveu pouco antes de sua morte — em notas que não têm fim, valores incrivelmente longos, notas que um instrumento tem que

---

[64]Efeito (escala) deslizante obtido por um instrumento.

se esforçar para tocar até o final, você pressente, naquele momento, o que se passava na cabeça de Mahler. Não era só uma questão de focalizar o infinito através da música. Naquela dilaceração das notas estava contido o problema da dilaceração de toda uma época.

Acredito que o fato de eu ter me identificado com Mahler se deva muito a esse lado do compositor. Essa intuição, essa angústia de alguma forma se ligam à minha maneira de ser. Eu realmente me identifico com esse tipo de música. Ela tem uma correspondência muito grande com a minha alma, a minha *anima*. É por essa razão que, ao estudar uma sinfonia de Mahler, eu me sinto tão realizado. Essas características da sua música também são as características do meu temperamento. Embora, evidentemente, eu não possua a sua genialidade.

FRASES E ANDAMENTOS

A relação maestro-compositor pode ser comparada à relação diretor de teatro-autor. Só que o teatro tem uma linguagem muito mais nítida em comparação com a música. Existe um texto, uma pontuação, que você vai interpretar de diferentes maneiras, de acordo com cada estilo: dramático, cômico, romântico. Na música, existem coisas que estão ocultas. Pela própria natureza da linguagem, o compositor não tem capacidade de escrever tudo aquilo que ele imagina.

Mahler, por exemplo. Quando você examina as suas partituras, percebe que nela estão contidas todas as informações possíveis, porque ele era também regente. Aliás, era mais conhecido na época como regente do que como compositor. No verão, quando estava de folga das suas atividades de maestro, ele compunha em uma casinha rústica no meio da neve, que inclusive tenho representada em um quadro. Durante três meses por ano — junho, julho e agosto — ele se isolava da família e ia para aquela casinha, onde compôs suas obras-primas. Três meses por ano. Naquela casinha. No resto do tempo ele regia. Quer dizer, quase não tinha tempo de compor, porque nos outros nove meses do ano ele se ocupava profissionalmente com música sinfônica e ópera.

Mahler, como regente, tinha a visão total dos problemas que afetam a regência. Então ele exemplifica as suas partituras: "Aqui eu quero que o regente faça esse movimento; aqui eu quero que ele faça esse outro movimento; aqui, quero que volte ao movimento original." É tudo indicado. E para quê? Para induzir o regente a cometer o mínimo possível de improvisação. Mas ele só podia dizer aquilo que queria em, digamos, apenas 90% da sua escrita. Mas, e o resto, os outros 10%, como é que você vai fazer? De que maneira?

A música é um fenômeno diferente do texto falado, porque ela se processa num outro nível. Você pode dizer uma frase musical de mil maneiras diferentes — e o andamento que você imprime a ela pode ser igualmente variado. Ao contrário do teatro, que você tem algumas opções. Você não pode mudar um andamento que não corresponda à dinâmica da própria língua. Você não pode dizer uma frase como "eu gostaria de ir à escola" de qualquer jeito, depressa demais. Ninguém vai entender. Mas na música isso é possível. Você pode criar andamentos de acordo com a maneira como você sente a música, apesar das recomendações do compositor e das indicações metronômicas — aquelas baseadas em medidas matemáticas estabelecidas pelo metrônomo[65].

---

[65]Instrumento que determina o andamento musical.

No entanto, na época de outros compositores, como Beethoven, por exemplo, o metrônomo não era tão desenvolvido como nós o conhecemos hoje. Portanto, suas indicações metronômicas não correspondem à realidade. Elas são muito mais rápidas. Quase impossíveis de serem tocadas. E aqueles compositores que criaram quando não existia metrônomo, como é que você vai interpretá-los? Ou seja, você tem que estabelecer um consenso. Conhecer o estilo do compositor, a época em que ele viveu, e escolher o seu andamento — e o andamento que você supõe que tenha sido o do compositor. E isso quem faz é o intérprete, é o maestro.

ECLETISMO

Afirmar que eu tenha uma preferência nítida, marcante, pelos compositores alemães não seria verdade. Todo um conjunto de fatores me orientou em relação a essa inclinação. Começava na literatura, passava pela pintura, pela filosofia e desembocava na música. Todas essas manifestações culturais se unificavam. Mas como a música é um produto, como ela provém das irradiações que emanam de todas as artes, acredito que esteja perfeitamente justificado esse meu encantamento pelo período pós-romântico alemão. Daí a minha vocação para reger Gustav Mahler, Bruckner[66],

---

[66] Com a morte do pai, o compositor austríaco Joseph Anton Bruckner (1824-1896) foi enviado como menino-cantor para o mosteiro de St. Florian, onde estudou órgão, violino e teoria. Tornou-se organista e professor, compondo missas e obras sacras. Aos 40 anos começa a compor sinfonias, mas a Filarmônica de Viena recusa-se a tocá-las, por considerar a primeira "desvairada"; a segunda, "absurda" e a terceira "intocável". Só em 1880, com a "Sétima Sinfonia", começa a ser reconhecido. Profundamente devoto, suas sinfonias foram comparadas a catedrais. Ernst Decsey escreveu: "Bruckner é o canto da alta montanha, nele se refletem o esplendor do amanhecer, o temor do longínquo e do profundo e a transfiguração vespertina, sobre a qual se ergue o céu noturno repleto de estrelas."

Schumann[67], Beethoven. A minha tradição musical foi enriquecida por toda a cultura de uma época.

É claro que, tendo nascido e iniciado meus estudos musicais no Brasil, eu também pude desenvolver um enorme gosto pela música brasileira. Os meus primeiros passos foram dados aqui, em contato com a música do Brasil. Estudei Carlos Gomes[68] e Villa-Lobos, autor das "Bachianas", que tive oportunidade de gravar com a Orquestra Sinfônica Brasileira[69]. Também apresentamos e gravamos Francisco Mignone, Guerra Peixe, Marlos Nobre, Edino Krieger,

---

[67]"Enviar luz para as profundezas do ser humano — esta é a profissão do artista." Robert Alexander Schumann (1810-1856) desde cedo demonstrou gosto pela música e uma tendência a estados de angústia e inquietação. Pianista virtuoso, é obrigado a abandonar o piano quando o excesso de exercícios paralisa um de seus dedos. Morre o instrumentista, nasce o criador, que compõe música dramática, orquestral, instrumental, coral, para piano, e mais de 300 *lieder*. Apaixona-se por Clara Wieck, filha do seu professor de piano, Friederich Wieck, que passa cinco anos tentando separá-los. São felizes no início, e ele compõe como nunca. Os anos passam e para ele é difícil conviver com o fato de não ser tão famoso quanto a esposa, pianista brilhante, conhecida como Clara Schumann, após o casamento realizado contra a vontade do pai. Cada vez mais deprimido e temendo o fantasma familiar da loucura, atira-se nas águas do Reno. Salvo das correntes geladas, interna-se num sanatório e morre dois anos depois, sem saber que um dia tinha sido compositor.

[68]Antonio Carlos Gomes (1836-1896) nasceu em Campinas e aprendeu com o pai a tocar vários instrumentos. Começou a compor aos 18. Em 1861, no Rio de Janeiro, estreou no Teatro Lírico sua primeira ópera, "A noite do castelo" e, dois anos depois, "Joana de Flandres", obtendo uma bolsa para estudar na Itália. A fama internacional veio com "O Guarani", que, após triunfar no Scala de Milão em 1870, é encenada em todas as capitais européias. Seguiram-se "Fosca", "Salvador Rosa", "Maria Tudor", "O Escravo" e "Condor". Escreveu também modinhas, canções com letras italianas e várias peças para piano. Foi o primeiro compositor a projetar o nome do Brasil no exterior.

[69]"Bachianas Brasileiras", série de nove obras escritas entre 1930 e 1945 por Heitor Villa-Lobos. Com a OSB, Isaac Karabtchevsky gravou também mais quatro LPs: "Choros número 6", Villa-Lobos, "Museu da Inconfidência", Guerra Peixe, e "Mosaico", Marlos Nobre; "Egmont" (abertura), de Beethoven, "Fosca" (abertura), de Carlos Gomes, "Batuque", de Alberto Nepomuceno, e "Sinfonia Inacabada", de Schubert; "Bachianas 1, 2, 4 e 9", de Villa-Lobos; "In Memorian", de Marlos Nobre, "Bachianas 4", de Villa-Lobos e "Interações Assintóticas", de Cláudio Santoro.

Cláudio Santoro. Regi muitos compositores brasileiros e me identifico muito com eles. Como com toda a escola russa. Eu estou impregnado da escola russa. Costumo reger muito Tchaikovsky[70], Prokofiev, Mussorgsky[71], Rimsky-Korsakov[72].

Eu diria que sou um músico marcado por todas essas multifacetas, um músico de certa maneira ecletíssimo. Eu tenho quatro importantes vertentes na minha forma de ser. O fato de ter estudado na Alemanha, ter vindo de uma família judaica russa

---

[70] "Como reproduzir em palavras as sensações indefinidas que passam pelo espírito do compositor na criação de uma obra (...) Trata-se de um processo puramente lírico: a confissão musical de uma alma, que está repleta (...) de acontecimentos da vida, e que se derrama em sonoridade, tal e qual um poeta que se extravasa em versos (...)." Trecho de uma das cartas que Piotr Ilitch Tchaikovsky (1840-1893) escreveu à amiga Nadiejda von Meck, com quem se correspondeu durante catorze anos, sem nunca terem se encontrado. Apaixonada pela sua música, a rica viúva lhe proporcionou a segurança financeira tão almejada pelos artistas, e o compositor russo correspondeu à altura: sua produção inclui sinfonias, concertos para piano e violino, canções, música coral e de câmara, óperas ("Eugene Onegin" e "A Dama de Espadas") e balés ("O lago dos cisnes", "A Bela Adormecida", "O Quebra-Nozes").

[71] Destinado à carreira militar, o compositor russo Modest Petrovich Mussorgsky (1839-1881) desde cedo dá sinais de que a música teria um papel marcante em sua vida. Angustiado com a falta de sentido de sua vida, troca a farda pelo serviço público e mergulha na música, certo de que por intermédio dela poderá cantar a alma do seu povo. Seu processo criativo é doloroso, ele tem dificuldade de expressar aquilo que sente e busca refúgio no álcool. Um companheiro de quarto, Rimsky-Korsakov, ajuda-o a criar suas primeiras óperas, "Boris Godunov" e "Kovantchina". Apesar da bebida, consegue produzir obras orquestrais como "Uma noite no monte Calvo", e canções como "Sem Sol", "Canções e danças da morte", e a série para piano "Quadros de uma exposição". Acometido de epilepsia alcoólica, é internado num hospital, onde morre um mês depois.

[72] Como oficial da Marinha, o compositor russo Nikolai Andreievich Rimsky-Korsakov (1844-1908) tem oportunidade de conhecer outros ambientes, expressos em óperas como "Sadkò", "A lenda do Czar Saltan", "A donzela da neve", "A lenda da cidade invisível Kitesch", "Mozart e Salieri". Compõe canções, sinfonias e poemas musicais e escreve um tratado de instrumentação, mas obrigações oficiais na capela imperial e as orquestrações, revisões e conclusões de obras de Dargomijsky, Mussorgsky, Borodin e Glinka deixam pouco tempo para criar suas próprias músicas. Influenciou toda a geração seguinte de compositores russos, entre eles, os alunos Prokofiev e Stravinsky.

e ter nascido no Brasil são fenômenos que, de uma certa maneira, construíram e aperfeiçoaram uma ligação maior com as artes. Essas vertentes me levaram a compreender outros estilos com maior facilidade — ao contrário de um músico que tenha só sido criado num determinado país, afastado de outras realidades culturais.

Embora eu reconheça uma certa inclinação pelo período pós-romântico, eu nunca me fechei na cultura alemã. Seria uma forma de enclausuramento me fixar somente num determinado estilo, numa determinada concepção do mundo e das artes. Tanto que, recentemente, quando assinei contrato com a Orchestre Nationale du Pays de la Loire, o diretor administrativo da orquestra, Michel Ayroles, me disse que achava fascinante o fato de poder fazer comigo uma programação sem limites, em que estejam presentes Beethoven e Mahler, Villa-Lobos e Tchaikovsky, Debussy e Ravel (porque estudei numa escola francesa), e toda a música judaica.

Acredito que todos esses componentes se agruparam na minha forma de ser, na minha personalidade. Eu não rejeito nenhum tipo de música. Não tenho barreiras, preconceitos — exatamente por ter tido tantas influências na minha vida. Nascido num país tropical, de origem russa, judaica e de tradição alemã e francesa. Tudo flui e conflui para o aperfeiçoamento de um temperamento facilmente adaptado a qualquer estilo musical.

Ó PRIMEIRÓ EMPREGÓ

Depois de viver quatro anos na Alemanha, voltei ao Brasil em 1962 e reencontrei o Madrigal Renascentista que, apesar do sucesso, tinha uma forma de remuneração muito precária. A origem e a continuidade do nosso conjunto se deviam unicamente ao nosso amor pela arte.

Foi quando Murilo Miranda, grande intelectual, amigo de escritores e poetas, me convidou para fundar o coro da Rádio Ministério da Educação e, mais tarde, a Sinfonieta da Rádio Roquette Pinto. Foi o meu primeiro emprego. Fui contratado como regente quando eu nem sonhava em ter um cargo desses aqui no país.

O Murilo Miranda era uma figura singular do meio intelectual carioca. Foi um dos meus mentores, um dos primeiros a acreditar no meu talento aqui no Rio de Janeiro. Foi praticamente a pessoa que me lançou, que me deu uma oportunidade e, principalmente, um emprego. E não só a mim, mas a toda uma geração de artistas brasileiros. Rubem Braga, Carlos Drummond de Andrade... Os maiores escritores brasileiros da época estavam lá. Eu me lembro de constantemente subir no mesmo elevador com o Drummond. E, ambos tímidos, nunca tive oportunidade de trocar uma palavra com ele, nem ele comigo.

Nessa época, 1962, 1963, o Murilo Miranda conseguiu transformar a Rádio MEC num celeiro de talentos, onde estavam concentradas grandes figuras da cultura nacional. Todos funcionários públicos, como eu. Fazendo programas, assinando ponto e recebendo um salário. Essa oportunidade proporcionou a todos nós, artistas contratados, um senso de maior estabilidade na vida. O Murilo, no fundo, queria proteger o artista. Ele julgava o artista um incompreendido, sem possibilidade de uma remuneração sólida aqui no Brasil. Aliás, de lá para cá parece que nada mudou. Tudo continua exatamente igual. Grande parte da classe artística continua enfrentando as mesmas lutas, as mesmas dificuldades e incertezas.

A Rádio MEC foi o meu primeiro impulso no sentido de consolidar uma carreira amparada por uma segurança. Um dos programas eu fazia a quatro mãos com a minha filha Tetê, que é jornalista. Chamava-se "Contrastes e Estilos", e era transmitido uma vez por semana. Nele, a gente abordava todo o panorama da música. O tema propiciava também a abrangência e a simultaneidade da música popular e da música folclórica de vários países com a música clássica. Era um programa muito amplo e diversificado. Apresentava, só para dar um exemplo, uma sinfonia de Beethoven e música folclórica da Indonésia. Ficou no ar durante vários anos, e foi quando eu iniciei uma atividade mais constante no Rio de Janeiro, que me levaria da Rádio Ministério da Educação à assistência da Orquestra Sinfônica Brasileira (OSB).

A PRIMEIRA ORQUESTRA

Em meados da década de 60, a Orquestra Sinfônica Brasileira foi transformada em sociedade civil e fundação. Já tinha ocorrido o golpe, os militares estavam no poder e o Otavio Gouveia de Bulhões, Ministro da Fazenda do governo Castelo Branco[73] e presidente da Orquestra, que se tornou grande amigo meu, me chamou para ser maestro assistente do titular Eleazar de Carvalho. Estamos falando do ano de 1967.

Por volta de 1969, depois de ter se incompatibilizado com os músicos, o maestro Eleazar deixou a orquestra, e o doutor Bulhões me convidou para ser o novo regente. Foi a minha primeira or-

---

[73] O golpe militar de 1964 se prolongou no Brasil até 1985 sob o signo do autoritarismo e da repressão e censura às forças democráticas e liberdades constitucionais. Eleito indiretamente pelo Congresso, o marechal Humberto de Alencar Castelo Branco governou até 15 de março de 1967, tendo como Ministro da Fazenda o economista Otavio Gouveia de Bulhões.

questra como titular, cargo em que permaneci durante 26 anos, o mais longo período de permanência de um maestro à frente de uma orquestra no Brasil.

Quando assumi a Sinfônica Brasileira, a orquestra mais importante do país, eu era um jovem que estava no limiar de uma carreira, sem ter ainda a necessária qualificação para poder exercê-la plenamente. Foi a partir do trabalho com essa orquestra que eu pude me aprimorar, não só na construção e na elaboração de um repertório, mas também no desenvolvimento de programas que despertassem o interesse do grande público.

A década de 70 estava prestes a começar e eu me dei conta do que os militares haviam feito aqui no Brasil em relação aos métodos de ensino e à educação. Foi uma verdadeira catástrofe. Eles eliminaram do currículo escolar as matérias humanísticas, privilegiando as áreas mais técnicas. Quer dizer, fora abolido o lado mais criativo da educação. O jovem estudante da escola média elementar do Brasil viu-se diante de um grande vazio, sem nenhum acesso às formas de artes, sejam elas a pintura, a música, a arquitetura. Abriu-se um grande buraco negro que, de alguma forma, precisava ser preenchido.

À frente da Sinfônica Brasileira, esse foi o nosso desafio primeiro: suprir esse vazio com um movimento que fosse ao encontro da necessidade premente do jovem de ter contato com a música. Partimos daquele princípio de que a sensibilidade não pode ser compartimentada. Sensibilidade é uma só. Se um jovem tem sensibilidade para a música popular, deverá ter também para a música clássica — desde, é claro, que haja veiculação, desde que o jovem possa ser submetido a um confronto com essa música. Você não pode ceifar uma sensibilidade, dizer "não, essa sensibilidade só serve para isso". Não existe isso. É um fenômeno global, unitário. Foi então que nos ocorreu a idéia de fazer um grande movimento de cunho popular, que recuperasse o que havia sido marginalizado pela ditadura militar: o acesso ao ensino humanístico.

Desde muito cedo eu parti com a idéia do ciclo, apresentando um compositor em cada bloco. Por exemplo, um grande ciclo Beethoven, um grande ciclo Tchaikovsky, um grande ciclo Verdi[74]. Muitos compositores estiveram presentes nessa fase. Quer dizer, por intermédio da Sinfônica Brasileira, eu pude desbravar não só um repertório, mas uma forma de comunicação com o grande público. Eu aprendi a falar. Apesar de ser uma pessoa tímida, eu me comunico bem com grandes platéias. Aproveitei essa minha facilidade de comunicação nos programas de televisão, como os "Concertos para a Juventude" e os "Concertos Internacionais" e, mais tarde, no Projeto Aquarius.

Como regente titular da Sinfônica Brasileira, eu estava preocupado em não transformar a minha atividade numa coisa restrita à lotação do Teatro Municipal: 2.400 pessoas. Eu queria que a minha experiência com a Sinfônica Brasileira fosse compartilhada pelo maior número de pessoas e chegasse o mais longe possível. E, enquanto eu estive aqui, ela chegou, através dos concertos integrados de música popular e erudita, dos programas de televisão e do Projeto Aquarius.

É quando se inicia o meu grande processo de comunicação com o público em geral, que vai dos concertos ao ar livre até a

---

[74] Quando Giuseppe Fortuino Francesco Verdi (1813-1901) morreu, dezenas de milhares de pessoas acompanharam o cortejo pelas ruas de Milão, cantando o coro de seu primeiro grande sucesso, a ópera "Nabuco", a ânsia pela liberdade dramatizada na história do cativeiro judeu. Antes dela, escrevera "Oberto", sua estréia no Scala de Milão, e, em seguida, a encomendada ópera-cômica "Rei por um dia", justo quando acabara de perder sua mulher e seus dois filhos. Com obras apresentadas nos principais centros italianos e do exterior, o auge de sua popularidade foi alcançado com "Rigoletto", "O Trovador" e "La Traviata". Seguem-se "As vésperas sicilianas", "Simão Bocanegra", "Aroldo", "Um baile de máscaras", "A força do destino", "Don Carlos", "Aída", "Otelo" e "Falstaff".

minha participação em televisão, que me tornou conhecido em todo o Brasil, de norte a sul. Tinha um programa semanal na TV Tupi, que se chamava "A Grande Noite"[75], em que eu regia concertos, ensinava o povo a reger e convidava artistas, inclusive populares, além de solistas de renome, como Claudio Arrau[76], que falavam sobre a sua vida e a sua arte. Foi uma experiência nova e fascinante, que apresentava temas clássicos de maneira simples e acessível, sem o formalismo dos concertos, buscando desenvolver o gosto do público pela música clássica. Depois o programa passou para a TV Globo, onde eu também fazia os "Concertos Internacionais", apresentando grandes orquestras, grandes solistas. Uma vez, inclusive, fizemos com a Sinfônica Brasileira um concerto só sobre Villa-Lobos, que foi dirigido cenicamente pelo Boni[77]. Belíssimo.

O conceito básico do Projeto Aquarius era a realização de espetáculos ao ar livre, em condições acústicas ideais, aproveitando os recursos naturais do Rio de Janeiro, que são inigualáveis — o que não restringiu o projeto ao público carioca, porque ele foi exportado para outras capitais. Mas era principalmente aqui no Rio de Janeiro que se concentravam as suas atividades básicas.

---

[75] Levado ao ar pela TV Tupi com a colaboração da Rádio MEC, "A Grande Noite" foi considerado o programa mais importante da tevê brasileira. Misturando música clássica com Tom Jobim, Edu Lobo, Pixinguinha, Beatles e Catulo da Paixão Cearense, era transmitido diretamente da Sala Cecília Meireles. A produção era de Haroldo Costa e Armando Couto, e o roteiro, de Giuseppe Ghiaroni.

[76] Claudio Arrau (1903-1991), pianista chileno, estreou em Santiago aos cinco anos de idade e mais tarde estudou em Berlim. Iniciou sua carreira internacional em 1918, apresentando-se em concertos pela Europa e pelos Estados Unidos. Lecionou durante 15 anos em Berlim, e suas interpretações das obras de Beethoven marcaram época.

[77] José Bonifácio de Oliveira Sobrinho (Boni) iniciou sua vida profissional na extinta TV Tupi em 1952, e foi o todo-poderoso vice-presidente da Rede Globo de Televisão durante trinta anos, de 1967 a 1997.

Felizmente nós conseguimos envolver as Organizações Globo por intermédio do Roberto Marinho, que ficou tão encantado com a idéia que encampou o projeto. O Aquarius só pôde se transformar num evento de vulto porque tinha o apoio total das empresas Globo. Sem a penetração do jornal, da tevê e da Rádio Globo teria sido impossível mobilizar uma quantidade tão grande de público.

Além do apoio da mídia, contávamos também com o patrocínio da Sul América Seguros e a eficiência da equipe de produção, formada por profissionais como Péricles de Barros, Ivan Lopes de Almeida, Abel Gomes, Sheila Rosa e Ana Luiza Marinho. Uma equipe dinâmica, coesa, sempre pronta a aparar as arestas e a solucionar os problemas. Todos esses ingredientes nos garantiram a presença de um público imenso e a realização de grandes montagens.

O Projeto Aquarius trouxe ao Brasil o Balé Bolshoi[78]; comemorou os 100 anos da Abolição; lembrou os 40 anos do fim da Segunda Guerra Mundial, interpretando Bach, Liszt[79], Francisco

---

[78] O Teatro Bolshoi, criado em 1776, foi a primeira companhia permanente de Moscou. Atores, estudantes e artistas-servos apresentavam espetáculos dramáticos, óperas e balés. Alguns dos seus grandes marcos foram as estréias dos balés de Tchaikovsky — "O lago dos cisnes", "A Bela Adormecida", "O Quebra-Nozes" — e de Prokofiev — "Romeu e Julieta", "Cinderela", "Ivã, o terrível".

[79] Franz Ferenc Liszt (1811-1886), compositor e pianista húngaro, conhecido como o "rei" do piano. Como Mozart e Mendelssohn, foi também menino-prodígio. Dava concertos desde os nove anos; aos dezenove, a Europa rendia-se às suas mãos. Foi professor e intérprete durante toda a sua vida, atuando ainda como regente, escritor e exímio arranjador. Inventou a expressão "poema sinfônico" e compôs música dramática, vocal, coral, orquestral, de câmara e peças em que o piano soava como uma orquestra. Criou arranjos e transcrições de obras de outros compositores e fantasias sobre temas operísticos. Generoso, sua casa em Weimar era ponto de encontro de artistas renomados e também iniciantes, que ele sempre procurava ajudar. Perto do fim da vida, vira abade e rege de batina.

Mignone, Wagner, Ravel e Gounod[80], e os 200 anos da morte de Mozart, com trechos de "Don Giovanni" e "A Flauta Mágica"[81] — tudo isso para uma platéia de 100 mil pessoas. Cento e vinte mil pessoas assistiram ao "Concerto dos Dois Mundos", com texto de D. Helder Câmara[82]. Em São Paulo, o "Concerto da Independência", com a Orquestra Sinfônica do Municipal e o Coral Lírico, foi assistido por nada mais, nada menos que 500 mil pessoas.

Foi também o Projeto Aquarius que em julho de 1996 fez pela primeira vez aqui no Brasil uma ópera ao ar livre, "Aída"[83], com a Orquestra Sinfônica Brasileira, a minha regência e os mesmos cenários executados no palco do Teatro Municipal. Terminada a temporada da ópera no teatro, o espetáculo foi in-

---

[80]Charles François Gounod (1818-1893), compositor francês. Estudou no Conservatório de Paris, ganhou o Prix de Rome em 1839, foi organista de igrejas e compositor de música sacra, quando chegou a pensar em virar sacerdote. "Dotado de extraordinário talento lírico, senso melódico e poderoso instinto cênico", voltou-se para a ópera, escrevendo, entre outras, "Fausto" (1859), "Mireille" (1864) e "Romeu e Julieta" (1867). Em 1870, a guerra franco-prussiana leva-o a refugiar-se na Inglaterra, onde permanece durante quatro anos, produzindo coros e canções.

[81]Já doente e praticamente na miséria, Mozart criou a mais alegre de suas óperas, "A Flauta Mágica", misto de drama e comédia, "como a vida". Estreada em setembro de 1791 em Viena, conta a história das provas enfrentadas por Tamino e Pamina, filha da Rainha da Noite, "origem de toda a treva e superstição", para ter direito ao seu amor. Para Kobbé, a solene oração de Sarastro, grão-sacerdote de Ísis e Osíris, "é de tal nobreza que poderia ser cantada por Deus".

[82]Nascido em Fortaleza e formado em filosofia e teologia, Dom Hélder Pessoa Câmara foi secretário da Ação Social, fundador do Banco da Providência, idealizador da Conferência Nacional dos Bispos do Brasil (CNBB) e arcebispo de Olinda e Recife. Destacou-se por seu trabalho social e por sua postura contundente frente aos problemas sociais.

[83]Encomendada pelo quediva do Egito, "Aída" conta a história do trágico amor de Radamés, comandante das tropas egípcias, e Aída, princesa etíope escrava de Amnéris, filha do rei do Egito. Dando vida à terra dos faraós, templos e pirâmides, a ópera de Giuseppe Verdi estreou no Teatro Italiano do Cairo em 24 de dezembro de 1871.

teiramente transplantado para a Quinta da Boa Vista, no meio do lago. Eu me lembro que era tanta gente, mas tanta gente — 200 mil pessoas, 98% delas assistindo a uma ópera pela primeira vez na vida —, que não tinha um pedacinho de grama à vista. O público lotou a Quinta, literalmente. Então, não houve dúvida. Aqueles que chegavam e não encontravam lugar na grama iam direto para o meio do lago: ouviram toda a ópera, de quatro horas, dentro d'água. Esse foi sem dúvida um dos momentos mais emocionantes do Projeto Aquarius. Era a demonstração categórica de que o povo brasileiro pode ser motivado para grandes eventos, desde que haja a preocupação de se levar até ele espetáculos de qualidade.

Minha maior tristeza hoje é ver que o Projeto Aquarius não pôde manter a mesma regularidade. É uma pena, porque esse processo de comunicação da grande música com o grande público é um manancial inesgotável.

POPULAR E ERUDITO

Todos esses projetos refletiam uma preocupação que me acompanhou desde o início: a música não poderia ficar restrita apenas ao público do Teatro Municipal ou da Sala Cecília Meireles. A música é importante demais, e o prazer sensorial que ela provoca deve ser desfrutado pelo maior número possível de pessoas. Era um trabalho quase braçal. Nosso público tinha que ser capturado, conquistado.

Com exceção da Rádio MEC, os meios de comunicação estavam praticamente fechados para a música erudita. Nenhuma rádio comercial se dispunha a divulgá-la. Eu achava aquilo muito estranho. Era como um grande mistério. Ainda mais sabendo que o público brasileiro é altamente musical, sensível à música em geral.

Eu nunca vi barreiras entre a boa música popular e a boa música erudita. Sempre percebi que o elo de comunicação entre elas era a sua vinculação profunda, até histórica. Ambas se influenciaram mutuamente ao longo da história. Se você pega formas elaboradas do *jazz*, reconhece muitos elementos da construção e da forma tradicional da sonata[84]. Assim como numa obra de Ravel você encontra elementos do *jazz*. Essa doação recíproca e simultânea entre as duas formas, os dois estilos, é tão evidente no fenômeno da audição desses compositores que, para mim, parecia um grande mistério que, aqui no Brasil, elas estivessem tão radical e completamente separadas.

Essa era a nossa idéia central: tentar desmistificar essa separação. Eu me lembro de termos feito espetáculos que reuniam a Orquestra Sinfônica e bandas de *rock*. Sempre com essa preocupação de tentar superar as barreiras entre as músicas popular e erudita, juntamos a Sinfônica com o Chico Buarque no palco do Municipal, em meio a um repertório que incluía Chopin[85] e Beethoven.

---

[84]Derivada do italiano *sonare* (soar) em oposição a *cantare* (cantar). Uma peça musical quase sempre instrumental e geralmente em vários movimentos, para um solista ou pequeno conjunto.

[85]Apesar do reconhecimento da crítica e do público de Varsóvia, o compositor Frédéric François Chopin (1810-1849) decide deixar a Polônia, sufocada pela repressão política, em busca de novos horizontes musicais. Em Paris, conhece Lizst, que o introduz na sociedade parisiense, e se envolve com a extravagante escritora George Sand, com quem vive durante nove anos. Nessa época, já tuberculoso, compõe freneticamente *polonaises*, fantasias, mazurcas, prelúdios, noturnos, baladas, valsas, improvisos, barcarolas, *berceuses*, sonatas, *impromptus*, *scherzos*, rondós e peças para piano. Costumava compor enquanto tocava. Após o rompimento com Sand, o piano é seu único companheiro. No seu enterro, os amigos espalham sobre o seu ataúde o punhado de terra polonesa que ele guardava como uma relíquia.

Os maestros mais puristas insistiam no lema "cada macaco no seu galho", alegando que os estilos deveriam permanecer separados: "A música clássica tem o seu templo, que é o Teatro Municipal; a música popular, os teatros próprios para sua divulgação", afirmavam em coro. Eu, ao contrário, sempre achei que não devia ser assim. E talvez tenha sido esse um dos fatores que me aproximaram do público brasileiro.

Desde o início da minha carreira eu me propus a realizar esse tipo de trabalho, que é muito mais oneroso, inclusive no sentido da própria imagem. Eu fui muito atacado e, por vezes, violentamente atacado por elementos mais conservadores do meio musical carioca. Eu guardo até hoje recortes de jornais que mostram uma reação em cadeia da classe musical contra mim. Lembro-me de uma paráfrase que me fez o Marlos Nobre, hoje meu amigo, mas na época um opositor ferrenho: "Karabichê tá doente / Tá com a cabeça quebrada / Karabichê precisava / É de uma boa lambada."

Tudo isso eu guardo como recordação de um tempo em que fui atacado só porque tive coragem de levar o Chico Buarque ao Teatro Municipal para cantar junto com a Sinfônica Brasileira. Isso num concerto regido por mim e aberto por Francisco Mignone, que compareceu vestido de luto em sinal de protesto. Na segunda parte, eu regia a orquestra e Chico Buarque interpretava algumas das suas composições arranjadas pelo maestro Gaya[86].

Apesar de ter sofrido uma resistência feroz, foi um trabalho importante, na medida em que me aproximou muito de compositores como Tom Jobim, Dori Caymmi, Caetano Veloso, Gilberto Gil. Nós dialogávamos no mesmo diapasão. Éramos sintonizados

---

[86]Os anos 50 foram a época áurea da música ao vivo. Músicos, arranjadores, cantores e maestros se revezavam nas orquestras, nos palcos e nos estúdios. Entre os grandes nomes da pauta e da batuta podemos encontrar Radamés Gnatalli, Léo Peracchi, Pixinguinha, Lyrio Panicalli, Severino Araújo, Cipó, Carioca, Guaraná e Lindolfo Gaya.

nessa tônica de tentar agrupar os dois estilos. Uma vez, fizemos um encontro na casa do Tom, quando ele morava aqui no Leblon, em que estava todo mundo presente. A reunião fora convocada pelo Vinicius de Moraes, que encampava esse movimento plenamente.

ORQUESTRAS E CRISES

Aquela época coincidiu com uma das fases em que a Sinfônica estava em crise, quase acabando. Uma situação que, lamentavelmente, parece se repetir ainda hoje. Isso porque a Sinfônica Brasileira preferiu adotar juridicamente o modelo das orquestras americanas. Mas para compreendermos melhor esse processo será preciso abrir um pequeno parêntese.

As pessoas costumam me perguntar qual é a diferença entre uma orquestra sinfônica e uma filarmônica. Rigorosamente, não há diferença técnica entre as duas, pelo menos hoje em dia. No início, elas se diferenciavam apenas no nível jurídico. Filarmônica, que significa amigos da harmonia, em geral era uma orquestra privada que se mantinha com o apoio de particulares ou de empresas. Já os fundos de uma Sinfônica geralmente provinham do Estado, o que representava uma vinculação jurídica completamente diversa.

Com o tempo as diferenças se dissiparam. Existem orquestras subvencionadas pelo Estado que se chamam filarmônicas, e sinfônicas financiadas por empresas privadas. Essas palavras hoje obedecem apenas a uma simples nomenclatura, e não têm mais nenhuma relação com o seu *status* jurídico inicial.

Diferente, porém, é a jurisdição que afeta o próprio funcionamento da orquestra. As européias, por exemplo, 90% delas, são vinculadas diretamente ao apoio estatal. Independentemente de serem filarmônicas ou sinfônicas, todas se mantêm com o apoio do Estado. Já as orquestras americanas, a maioria delas, se mantêm por meio do apoio privado, sejam sinfônicas ou filarmônicas. No esquema da subvenção governamental, os músicos têm os mesmos direitos e obrigações de um funcionário público. Já no esquema de fundação, de direito privado, os músicos têm quase as mesmas garantias que o músico europeu, embora sejam vinculados a uma estrutura jurídica completamente diversa.

A maioria das orquestras brasileiras adotou o esquema europeu. São raras aquelas que não estejam diretamente relacionadas a um esquema estatal. São as orquestras dos teatros municipais e as orquestras de prefeituras de pequenas cidades, que estão em melhores condições porque têm uma subvenção firme determinada pelo poder público. Aquelas que optaram pelo modelo americano, como a Sinfônica Brasileira, hoje se encontram — se não num nível quase de solvência — passando por graves dificuldades.

Nos anos 60, a Orquestra Sinfônica Brasileira se mantinha graças a uma dotação de seis milhões de cruzeiros — se não me engano — que nos foi dada pelo então ministro da Fazenda, Otavio Gouveia de Bulhões. Esse dinheiro foi aplicado e nós tínhamos uma percentagem sobre os juros que essa aplicação rendia. Ou seja, essa dotação do governo federal, feita em Obrigações Reajustáveis do Tesouro Nacional[87], correspondia ao

---

[87]Obrigação Reajustável do Tesouro Nacional (ORTN). Título negociável da dívida pública, de prazo fixo, emitido pelo governo federal, que rendia juros e correção monetária mensal de acordo com os índices oficiais de inflação. Em fevereiro de 1986, com a adoção do Plano Cruzado, foi substituída pela Obrigação do Tesouro Nacional (OTN).

nosso patrimônio, que foi sendo dilapidado pelas constantes flutuações da nossa economia, até ser completamente zerado nos tempos atuais. Na época, a Sinfônica sobrevivia graças a essa subvenção. Só que, com o tempo, isso foi se tornando insuficiente para manter os seus quadros. Por isso ela optou por um regime de fundação de direito privado, esperando receber benefícios de empresas.

Só que, no Brasil, isso nunca funcionou. Funcionava e funciona bem lá nos Estados Unidos, onde existe um sistema de implementação de imposto de renda que permite uma dedução de 100% em cima de qualquer doação. O dinheiro que uma empresa deve ao imposto de renda pode ser usado para patrocinar um empreendimento cultural. É uma forma de o governo repassar para a cultura, indiretamente, 100% da quantia que as empresas devem ao imposto de renda — sistema que nunca foi completamente implementado aqui no Brasil.

Quer dizer, ao adotar o padrão americano, a gente se debatia com o problema crucial de não ter o mesmo sistema de repasse implantado no país. Então, nós dependíamos sempre de esmola e da boa vontade dos doadores, e, principalmente, dependíamos de uma certa estabilidade da nossa economia. Como isso nunca foi a tônica do nosso país, no período em que eu assumi a regência titular a Sinfônica estava atravessando uma fase muito delicada.

Eu me abria muito com o Vinicius e com o Tom. Nós achávamos que uma das formas de salvar a Sinfônica seria fazer um movimento de resgate que abrangesse toda a classe musical, incluindo os compositores populares. Uma atitude muito positiva, sobretudo da parte do Vinicius, que, como intelectual, compreendeu imediatamente o nosso dilema e se dispôs a reunir todos os seus amigos, que trabalhariam junto conosco para tentar salvar a Orquestra Sinfônica Brasileira. Aquela apresentação do Chico Buarque e do Francisco Mignone no Municipal e alguns outros concertos que faríamos mais tarde foram frutos dessa iniciativa.

ORQUESTRA SINFÔNICA BRASILEIRA: O SUCESSO DA MAIOR ORQUESTRA DO BRASIL

O trabalho com a Sinfônica Brasileira resultou numa das experiências mais importantes de que se tem notícia na história da música brasileira. Com uma pequena subvenção federal e com recursos obtidos por intermédio da iniciativa privada, foi a primeira orquestra brasileira a cristalizar a formação de um novo público, através do trabalho incessante que ela desenvolveu com os "Concertos para a Juventude", iniciados ainda na década de 1940, quando o titular da orquestra era o maestro Eugen Szenkar[88]. Refugiado da guerra na Europa, o regente húngaro veio para o Brasil atendendo a um pedido do maestro José Siqueira[89]: formar um grupo de músicos interessados na prática da música sinfônica.

É necessário entender bem esse processo da criação da orquestra, as razões de ela ter sido criada. No Rio de Janeiro, a orquestra oficial era a do Teatro Municipal, mantida com recursos públicos, obedecendo ao padrão das orquestras européias. Na década de 40,

---

[88]A OSB nasceu no dia 11 de julho de 1940 e seu primeiro maestro foi o regente húngaro Eugen Szenkar, que ficou oito anos no cargo. Em 1944, foram criados os "Concertos para a Juventude", que revelaram ao mundo tantos artistas nacionais.
[89]Nascido na Paraíba, o compositor José Siqueira (1907-1985) completou seus estudos musicais em Paris. Figura marcante na luta pela música e pelos músicos brasileiros, além da OSB fundou a entidade que daria origem à Ordem dos Músicos do Brasil. Deu aulas, publicou livros e compôs em todos os gêneros musicais.

quando Toscanini[90] veio ao Brasil com a orquestra da NBC, National Broadcasting Corporation, patrocinado pelo governo americano e por empresas particulares como elemento de propaganda, ele provocou uma onda de entusiasmo muito grande. O lastro de admiração deixado por essa orquestra e seu maestro acabou por despertar um grupo de músicos, que resolveram repetir essa mesma experiência.

Junto com esse grupo de músicos, José Siqueira convidou o maestro Szenkar a organizar e reger uma Sinfônica Brasileira, o que ele fez com um sucesso incrível. No acervo da OSB existem fotografias que nos dão a exata dimensão desse movimento e de como era praticada a música sinfônica aqui nos anos 40. O Teatro Municipal e o Cine Teatro Rex viviam lotados.

No cenário musical da cidade e, por extensão, da própria cultura nacional, a Sinfônica Brasileira tem uma importância histórica. Ela atingiu parâmetros inigualáveis, comparada às orquestras estatais, graças aos recursos que foram injetados por intermédio da brilhante atuação do professor Otavio Gouveia de Bulhões, quando ela se transformou de sociedade civil em fundação, em meados da década de 60.

---

[90] "Não sou nenhum gênio. Não criei nada. Toco a música de outros homens. Sou apenas um músico." Arturo Toscanini (1867-1957) gostava de ser chamado de "Maestro" e há quem o considere o maior regente de todos os tempos. Nascido em Parma, na Itália, aos nove anos foi morar e estudar no Conservatório. Diplomado em violoncelo e composição, Toscanini iniciou sua carreira de maestro aos 19 anos quando substituiu o regente titular em uma apresentação da "Aída", no Rio de Janeiro, para onde tinha embarcado como principal violoncelista e assistente do chefe do coro de uma companhia de ópera itinerante. Começava assim seu reinado. Aos 31 anos, era administrador e regente-chefe do Scala de Milão que, em apenas duas temporadas, passou a figurar entre as quatro maiores companhias operísticas do mundo. De 1898 até 1915 assumiu o Metropolitan de Nova York no lugar de Mahler, e virou um astro. Durante a Primeira Guerra, regeu bandas militares e noites de gala em benefício das vítimas. Voltou ao Scala em 1921, regendo em Bayreuth e Salzburgo até a tomada do poder pelos nazistas. Em 1937 ganhou uma orquestra da NBC, um gigante da mídia americana. Opositor ferrenho de Hitler e inimigo mortal de Mussolini, não voltou a reger em seu país enquanto o ditador viveu. Assinava petições e manifestos, levantava fundos para refugiados, "pôs o poder da música a serviço da luta pela liberdade".

Uma das metas do doutor Bulhões era criar uma orquestra de dimensões internacionais. E, em plena ditadura militar, evitou relacionar música à política, enviando-me à Tchecoslováquia, um país comunista, para recrutar músicos experientes que pudessem nos servir de referência. Ele considerava a inserção de profissionais qualificados uma condição básica para o desenvolvimento da Orquestra Sinfônica Brasileira. Realmente, a chegada desses músicos, alguns dos quais permaneceram aqui no Brasil, onde estão até hoje, foi um divisor de águas, que determinou o aprimoramento da orquestra e a sua sobrevivência como um conjunto de qualidade. Qualidade que ela usufrui até hoje, mesmo enfrentando as tradicionais dificuldades a que tem sido submetida nesses últimos anos.

A presença desses músicos e, posteriormente, a inclusão de novos elementos deram à Sinfônica um calibre internacional, que resultaria na vinda de grandes maestros e de grandes solistas que puderam dar à orquestra uma dimensão realmente internacional. Pela primeira vez, uma orquestra sai do Brasil e viaja em turnês pelo exterior, convidada por empresários. Em novembro de 1974 fomos à Europa e, três anos depois, em 1977, fomos aos Estados Unidos, colhendo em ambos os continentes críticas consagradoras[91].

---

[91]"Jamais pensei que pudesse me extasiar com uma noite tão linda"; "O maestro é um dos meus regentes favoritos"; "A OSB está em nível internacional"; "A execução de hoje foi magnífica; em particular, no que ela tem de mais difícil: a dosagem do volume de som"; "Karabtchevsky elevou belamente seus talentosos músicos ao nível de puro brilho. Ele é magnífico"; "Moro aqui e sei como reage o público inglês. É raro ver esse público aplaudindo de pé e pedindo bis"; "Sucesso brasileiro no Carnegie Hall". Estes foram alguns dos muitos comentários entusiásticos da imprensa especializada e da classe musical presentes aos concertos da OSB no exterior. Interpretando Dvorak, Tchaikovsky, Prokofiev, Brahms ("uma orquestra só pode ser julgada dentro dos parâmetros do repertório convencional", declarou o maestro Karabtchevsky) e Cláudio Santoro, Marlos Nobre, Carlos Gomes e Villa-Lobos ("com um acento brasileiro que nenhuma outra orquestra poderá fazer"), a OSB mostrou à Europa (Espanha, Alemanha, França, Inglaterra, Luxemburgo, Bélgica, Holanda, Áustria), aos Estados Unidos e ao Canadá que "no Brasil também se faz música erudita".

Durante essas turnês, aproveitando o nosso repertório e a existência de estúdios de qualidade tanto na Europa quanto nos Estados Unidos, gravamos vários discos de música brasileira. Villa-Lobos, Marlos Nobre, Guerra Peixe, Carlos Gomes, Alberto Nepomuceno[92] — um acervo que constitui um patrimônio inalienável da Sinfônica até hoje. Talvez tenham sido estes os dois momentos mais importantes da minha atuação com a Sinfônica Brasileira: o registro da nossa música e o reconhecimento internacional do trabalho que a gente vinha desenvolvendo aqui.

TEMPESTADE NO HORIZONTE

Foi uma época feliz, de muitas realizações, mas prenúncios de tempestade já se esboçavam no horizonte. Em março de 1977 estávamos em Bucareste, onde eu deveria iniciar uma série de concertos com a Filarmônica George Enescu, a melhor orquestra da Romênia. Na noite do dia 4, já bem instalados no Hotel Atenée Palace, ligamos a televisão e começamos a assistir a uma ópera.

De repente, ouvimos um ruído terrível e fomos arremessados de um lado para o outro do quarto. Tudo tremia à nossa volta. Atônitos, vimos o edifício ao lado ruir e, em frações de segundo, pensamos: "Chegou a nossa vez." Estávamos vivendo o maior terremoto da história da Romênia, quase oito pontos na escala Richter, e que causou um dos piores desastres do país.

---

[92] O compositor Alberto Nepomuceno (1864-1920), "a figura mais importante da música brasileira nas primeiras décadas do século XX", estudou em Roma, Berlim, Viena e Paris, e abordou todos os gêneros musicais. Em 1908, seu primeiro concerto de violão, um instrumento até então marginalizado, escandalizou público e crítica e abriu caminho para a base musical de Villa-Lobos.

Maria Helena, minha esposa, e eu descemos a escada de mãos dadas, cuidadosamente, esperando que, a qualquer momento, o fenômeno se repetisse. Passamos a noite ao ar livre, com medo de retornar ao hotel. Preferíamos ficar do lado de fora, julgávamos mais seguro. No dia seguinte, com os aeroportos fechados, nos transferimos para a Embaixada Brasileira. Instalados numa casa baixa, correríamos menos riscos.

Quando chegamos ao Brasil, fomos informados de que nossa filha Ilana estava com uma febre insidiosa, que o médico atribuía a uma forma de pneumonia. Lembro quando Maria Helena foi à Clínica São Vicente tirar uma chapa do pulmão de Ilana. O doutor Luiz Felipe Matoso, já então uma referência em radiologia, nos alertou sobre uma mancha suspeita em sua costela. A chapa teria de ser repetida outras vezes.

Cheguei em casa depois do ensaio ansioso pelas notícias. Maria Helena me chamou ao estúdio e me disse que Ilana estava com uma forma rara de câncer, um tumor ósseo que atingia mais as crianças, chamado Ewings. Comecei a chorar convulsivamente. O terremoto de Bucareste continuava no Rio de Janeiro e atingia uma menina alegre, de sete anos de idade, cheia de vida e meiguice. Passamos a metade da noite na Clínica Bambina, onde Luiz Felipe checou Ilana dos pés à cabeça, para conferir se o tumor estava só na costela, se não havia metástases.

Daí em diante os acontecimentos se precipitaram, sem que pudéssemos intervir na sua lógica. Os médicos diziam que as possibilidades de cura eram mínimas e que, de acordo com as estatísticas, ela poderia viver de dois a quatro anos.

Muito influenciados por amigos, principalmente por José Mauro Gonçalves, então diretor-administrativo da OSB, decidimos procurar um dos hospitais mais respeitados do mundo, o Memorial Hospital, em Nova York. Lá conhecemos a doutora

Norma Wollner, uma brasileira naturalizada americana, especialista em câncer infantil, que foi bem mais que uma médica. Ela se tornou, com a sua família, uma extensão da nossa.

Passamos 1978 no Brasil, com Ilana sendo assistida pelo doutor Gilberto Salgado, um excelente médico. Tanto Gilberto quanto Tina, sua mulher, nos cercaram sempre de muita dedicação e afeto. Em 1979, de volta a Nova York, Ilana ainda sofreria duas operações, antes que, sem mais esperanças, voltássemos ao Brasil, em 1980.

Dizer que suportamos essa fase de nossas vidas estoicamente seria uma mentira. Toda a família, Lucinha e Tetê inclusive, se transferiu para os Estados Unidos, e, juntos com Zaida, minha sogra, nos ajudaram a suportar a tragédia. Mais do que todos, Maria Helena foi excepcional como mulher e mãe acompanhando Ilana nos piores momentos e transmitindo sempre otimismo e um halo de fé e de esperança. Não sei o que teria sido de todos nós sem ela até a morte de Ilana, em janeiro de 1981.

Enquanto eu me despedia, não conseguia parar de ouvir, internamente, os acordes de "Pavane pour une infante défunte", de Ravel.

LEMBRANÇAS E DESPEDIDAS

Ainda que restem apenas alguns remanescentes da minha época à frente da Sinfônica, o fato de eu hoje trabalhar com essa orquestra como um convidado eventual faz com que o meu coração sempre bata mais forte. É claro e até normal que isso aconteça, uma vez que este é um passado que foi calcado em muitas alegrias e muitas tristezas.

Lembro que, na turnê pelos Estados Unidos, o Paulo Niesembaum, um dos primeiros violinos da orquestra, teve um ataque cardíaco e morreu. Um incidente dramático que mostrou um grande profissionalismo, muita sensibilidade e garra por parte dos outros membros da orquestra. Em vez de nos abatermos, resolvemos transformar a turnê numa homenagem ao Paulo.

Todas essas lembranças vêm à tona quando tenho a oportunidade de reger a OSB como convidado. Lembro dos momentos tristes e, principalmente, dos momentos felizes. É uma experiência que só podemos ter com as orquestras com as quais trabalhamos durante tanto tempo.

Uma das amizades mais profundas e fecundas da minha carreira teve início logo que eu assumi a OSB, ainda como regente assistente, durante a viagem à Tchecoslováquia. Eu não fui sozinho. O Renault Pereira de Araujo, viola da Sinfônica Brasileira, um autêntico líder dos músicos, me acompanhou. O Renault era uma pessoa de uma humanidade e de uma bondade ilimitadas. Com a convivência eu tive oportunidade de desfrutar da sua generosidade, que eu jamais poderei esquecer.

Em geral, os nossos líderes musicais são muito tacanhos na forma de abordar o problema da sobrevivência da sua orquestra. Uma das razões que têm contribuído para que as orquestras passem por graves dissabores é a inexistência de uma classe dirigente efetiva, que possa representar o pensamento da classe musical. Um pouco como uma parcela do quadro político brasileiro. Indivíduos que falam em nome da classe, mas só se preocupam com os problemas da sua categoria, sem dimensionar os problemas do país.

O Renault falava em nome dos músicos, mas sempre tendo em vista a grandeza da entidade Orquestra Sinfônica Brasileira. Como representante dos músicos da OSB, ele sabia dimensionar o lado humano e pessoal de cada elemento da orquestra em contraposição às necessidades da instituição. Foi uma das poucas pessoas no ambiente musical brasileiro a ter essa forma de pensar e de agir. Foi isso que o tornou uma pessoa absolutamente incomparável e, a meu ver, até hoje insubstituível. Ele foi não só meu amigo, como amigo de toda a minha família. A relação de fraternidade que estabelecemos só terminaria com a sua morte prematura.

Na OSB, também pude contar com a ajuda valiosa do Sérgio Nepomuceno, neto do grande compositor Alberto Nepomuceno. Ele foi uma das pessoas que mais me ajudaram na escolha e valorização do repertório sinfônico. Um colecionador de discos e de partituras, sua ajuda me foi inestimável.

Já na época em que trabalhei no Teatro Municipal de São Paulo, outra pessoa esteve sempre ao meu lado: Angelino Bozzini. Ele tinha todas as características de um líder sindical, mas era bem mais do que isso. Preocupava-se também com o nível artístico da instituição e me ajudou a reconstruir a orquestra. Além de tudo, foi e ainda é meu guru de informática. Lembro com saudade dos tempos em que ficávamos às voltas com sistemas operacionais, instalando programas e experimentando técnicas novas.

Outro grande líder, presidente da OSB, foi meu querido amigo Mário Henrique Simonsen. Raramente encontrei uma pessoa que reunisse tantas qualidades intelectuais quanto o Mário. Ele era não só o mago da economia, mas também um gênio na mais pura acepção da palavra. Seu conhecimento musical, sua fluência no repertório de ópera, que cantava com voz de barítono e absolutamente de cor, não tinham limites.

Vivemos juntos noitadas inesquecíveis quando ele, cansado do tédio cultural de Brasília, nos convidava — Maria Helena e eu — para nos hospedarmos em sua casa, quando então interpretava os mais diversos personagens operísticos. Em uma dessas interpretações, o protagonista morria no final e Mário, fiel ao texto, desabou no chão. Os seguranças que cercavam sua casa — nesta época ele era ministro[93] — não tiveram dúvida: ouvindo um baque surdo, invadiram a sala, prontos para intervir contra supostos seqüestradores. Foi uma dificuldade explicar que era tudo teatro...

Mário deixa uma imensa lacuna. Sua morte prematura, de câncer, privou-nos de uma mente ímpar, uma lógica matemática entremeada de sensibilidade.

Quando os meus vínculos com a orquestra se exauriram, por volta de 1995, 1996, eu saí da Sinfônica Brasileira. Mas eu vejo essa minha saída, depois de quase trinta anos, como uma coisa natural, orgânica, que faz parte da vida de cada maestro. Gustav Mahler, por exemplo, deixou suas funções de regente da Ópera de Viena após quatro anos de trabalho. Não aconteceu nada de particular, mas existe um tempo de ficar e um tempo de partir. Faz parte da nossa profissão, é um condicionamento ao qual você tem de se habituar. Há um esgotamento natural da relação maestro-orquestra, que precisa ser perpetuamente renovada. Eu considero isso não uma atribulação, mas uma coisa natural dentro do processo de renovação de ambas as partes, músicos e regente.

VOCAÇÃO LÍRICA

O Teatro Municipal de São Paulo foi, por si só, uma experiência importante na minha vida. Foi o primeiro lugar onde eu pude

---

[93] O economista brasileiro Mário Henrique Simonsen foi Ministro da Fazenda no governo do general Geisel (1974-1979) e Ministro do Planejamento no governo do general Figueiredo (1979-1984).

exercer plenamente a minha vocação, quase como um prenúncio daquilo que viria a acontecer alguns anos mais tarde na Europa, onde eu consagraria o meu tempo inteiramente à ópera e à música sinfônica. Foi em São Paulo que eu dei meus primeiros passos na música lírica.

No ano de 1979, no palco do Municipal de São Paulo, regi pela primeira vez "Wozzeck" de Alban Berg[94], uma ópera dificílima, que exige um público preparado. Foi verdadeiramente um desafio. "Wozzeck" é uma ópera atonal, que poucos maestros aceitam reger como primeira ópera do repertório. Na realidade, eu comecei por onde alguns maestros terminam. Em geral se faz um Rossini[95], um Verdi, um Mozart, mas não Alban Berg. Jamais Alban Berg. Mas foi justamente com "Wozzeck", uma obra expressionista na sua linguagem e na sua temática, que eu resolvi iniciar minha carreira como regente de ópera.

A receptividade foi fantástica. Pensar que o público jovem não é atraído pela música contemporânea é um grande erro.

---

[94]Baseado na peça "Woyzeck", de Georg Buchner, Alban Berg escreveu a música e o libreto de "Wozzeck", que estreou em Berlim em 1925. Muitos anos se passaram até que a ópera, de música "radicalmente dissonante", fosse aceita pelo grande público. Segundo Kurt Pahlen, "(...) qualquer 'bela melodia' estaria deslocada (...) para demonstrar o espírito perturbado do soldado rejeitado e explorado, o vazio aterrador de seu mundo, envolto pelo egoísmo, pela crueldade e pela falsidade do ambiente mesquinho da provinciana cidadezinha em que vivia, na qual mal brilha um raio de luz (...)".

[95]Durante os primeiros 38 anos de sua vida, Gioacchino Antonio Rossini (1792-1868) compôs 39 óperas. Entre elas, "Tancredi", "A Italiana em Argel", "O Turco na Itália", "O Senhor Bruschino", "Moisés no Egito", "Elizabeth, Rainha da Inglaterra", "Otelo", "A Gata Borralheira", "O Barbeiro de Sevilha" e "Guilherme Tell". Internacionalmente famoso, decide parar de compor e se recolhe ao seu palacete, onde recebe seus amigos, oferecendo-lhes pratos criados por ele. Em 1855, de volta a Paris, onde vivera durante quinze anos, volta a compor peças para piano e vozes, que batizou de "Pecados da Velhice".

Arquivo pessoal

1. Liceu Pasteur: onde estou?

{ 2.

{ 3.

2. Minha família: Maria Helena, eu e nossas filhas Ilana, Tetê e Lucinha **3.** Lazer na casa da Gávea.

4. Com Ilana, momento de carinho.

Arquivo pessoal

5. Eu e meu grande amigo Renault Pereira de Araujo, maravilhados com a beleza de Praga.

Arquivo pessoal

6. Um grande encontro com os pianistas Magdalena Tagliaferro e Jacques Klein.

Arquivo pessoal

{7.

Arquivo pessoal

{8.

Arquivo pessoal

9.)

7. O cumprimento de Aleksander Kwasniewski, presidente da Polônia **8.** O presidente da Itália, Luigi Scàlfaro, dando-me a honra de sua presença em um concerto no Palácio Quirinale, em Roma **9.** Apresentação com coro e orquestra no Teatro La Fenice na Basílica de São Marcos, Itália.

{10.

{11.

Manoel Soares/Agência O Globo

12.}

10. Antonio, o primeiro neto, com os avós corujas em Veneza
11. Verão de 2003, a família se reúne na Gávea. Antonio, Tetê, Maria Helena, eu, Gabriel, Lucinha e meu genro Alfredo Grosso **12.** Integrantes da Mocidade Independente de Padre Miguel festejam a volta da OSB no Galeão após elogiada turnê pela Europa.

{13.

13. No Galeão, mestre de bateria da Mocidade Independente de Padre Miguel.

14. *Viva o Gordo*: grande programa com Jô Soares.

15. Clássico, mas popular: Blitz no Projeto Aquarius.

16. Eu e Otavio Gouveia de Bulhões: trabalho conjunto à frente da OSB.

{17.

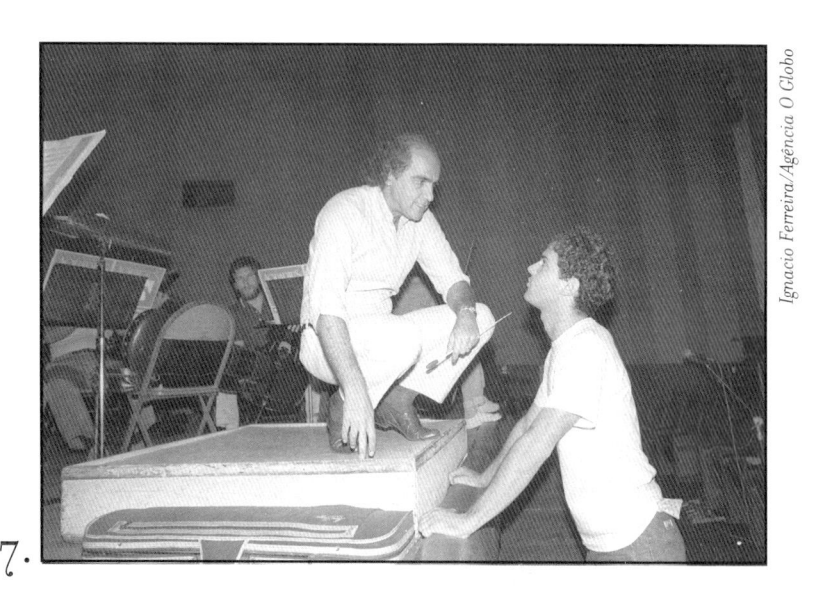

17. Cazuza, compositor e cantor, trocando idéias no ensaio do Projeto Aquarius.

18. Projeto Aquarius: ensaiando com Pierre Kaelin a obra de Dom Hélder Câmara.

{19.

Antônio Nery/Agência O Globo

19. O privilégio de formar platéias no Projeto Aquarius.

Lembro perfeitamente que a maior parte do teatro era maciçamente freqüentada por jovens, o que é uma prova de que esse tipo de repertório atrai também a juventude. Tanto que a peça costuma entrar em cartaz freqüentemente. Todo mundo conhece o "Woyzeck" de Buchner, mas pouquíssima gente conhece o "Wozzeck" em forma de ópera.

No Municipal de São Paulo eu tinha uma posição muito particular, era praticamente um diretor artístico do teatro. Foi lá que eu comecei a adquirir a experiência que alguns anos depois me permitiria exercer a mesma função em Veneza, e agora, proximamente, em Nantes e Angers.

Estive à frente dessa orquestra em dois períodos: de 1979 a 1985 e de 1996 a 2001. Isso porque a atividade no Municipal é eminentemente política. Existe entre os políticos brasileiros a tendência de se aplicar à classe artística o mesmo princípio adotado em relação à classe política: o princípio da alternância. Esse processo é válido para cargos de presidente, governador, prefeito, uma vez que a classe política brasileira é, digamos, muito variada, muito rica, pessoas que podem ser perfeitamente substituídas. Aplicar o mesmo princípio em relação ao artista representa um grave perigo, porque nem sempre aquele que substitui está à altura do substituído.

Isso é o que tem acontecido nesses postos de comando de teatros, que são cargos de confiança e ficam à mercê da situação política. Então, mudou o prefeito, mudou o maestro — como se o Brasil fosse pródigo em regentes, ou como se cada partido político brasileiro tivesse o seu próprio maestro. Maestro você conta um ou dois. No máximo, três. Daí por diante você cai na segunda divisão. Esse é um grande equívoco que os nossos políticos em geral cometem, seja em São Paulo, no Rio ou em outras capitais, onde os maestros ocupam cargos por períodos determinados. Se o tempo político é de oito anos, ele fica oito anos, se é de quatro, ele fica quatro. Como se fosse um mandato. Quer dizer, o trabalho que estava sendo desenvolvido perde a continuidade, como se perde o próprio sentido da fixação de uma qualidade artística, porque são poucas as pessoas qualificadas na parte musical.

Tente imaginar, por exemplo, uma situação análoga na Europa. Haveria condições de se pegar um Karajan, um Bernstein, um Lorin Maazel, um Zubin Mehta[96], etc., etc., e dizer "não, você vai ficar enquanto o prefeito fica; quando ele for embora, você vai também"? Seria um anacronismo, uma falta de visão, estaria se penalizando a qualidade. Essa é a minha única ressalva em relação a São Paulo, onde eu vivi momentos muito frutíferos. Só lamento não ter continuado por mais tempo. Eu poderia ter estabelecido os meus critérios, a minha visão, e tê-los aplicado plenamente.

---

[96] O pianista e compositor Leonard Bernstein (1918-1990) assumiu a Filarmônica de Nova York de 1958 a 1969. Como compositor, fez sucesso na Broadway com o balé "Fancy Free" e os musicais "Candide" e "West Side Story". Foi conselheiro da Filarmônica de Israel, presidente da Sinfônica de Londres e professor. Seus "Concertos para a Juventude", gravados no Carnegie Hall, eram campeões de audiência. O regente e violinista americano Lorin Varencove Maazel nasceu em 1930. Foi o mais jovem e o primeiro americano a conduzir uma ópera em Bayreuth. Regeu a Sinfônica de Pittsburgh, a Orquestra de Cleveland, a Ópera Estatal de Viena. Diretor musical da Deutsche Oper de Berlim Ocidental, da Radiofônica Bávara de Munique e da Staatsoper de Viena, manteve ligações estreitas com a Nova Filarmônica de Londres, a Orquestra Nacional da França e a Filarmônica de Berlim. Atualmente rege a Filarmônica de Nova York. Zubin Mehta nasceu em Bombaim, Índia, em 1936. Estudou em Viena e ganhou o concurso internacional de regentes em Liverpool. Foi diretor da Sinfônica de Montreal e das Filarmônicas de Los Angeles e Nova York. Em 1962, assumiu o cargo de conselheiro da Filarmônica de Israel, tornando-se seu diretor musical a partir de 1977.

ÓPERA, A ARTE TOTAL

A ópera sempre me fascinou. Lembro que em São Paulo, ainda garoto, eu assistia a muitas óperas de graça. Como na época eu não podia pagar, entrava na fila dos estudantes e ganhava um ingresso, nos teatros Municipal, Cultura Artística, todos os teatros. Eu ficava maravilhado com o espetáculo. O que mais me atraía era a conjugação de todas as artes. Da voz com o instrumento e com o teatro. A ópera é a representação de um movimento artístico unitário, completo, porque ela consegue englobar na sua totalidade todas as manifestações individuais das artes. A pintura, através dos cenários, o teatro, na representação cênica dos personagens, e a música como o elemento que molda tudo, que dá uma unidade a manifestações aparentemente tão díspares. Eu via a ópera como um espetáculo de arte total, integral, que me deixava inteiramente fascinado.

Nos anos 40, em São Paulo, eu ouvia muitos discos de Maria Callas[97] e aqueles LPs de 78 rotações de Caruso[98], que a minha mãe tocava em casa à exaustão. Lembro-me de ter assistido a um dos

---

[97]Cecília Sophia Anna Kalogeropoulou, Maria Callas, nasceu em Nova York em 1923, filha de pais gregos. Em 1937 foi para a Grécia estudar. A fama veio dez anos depois, cantando "Gioconda", em Verona. "Dona de um talento dramático excepcional", foi capaz de abranger o repertório de todos os tipos de soprano. "Hoje só se fala em (...) soprano ligeiro, soprano *spinto*, soprano disso, soprano daquilo. A cantora é soprano, e basta! (...) Um cantor deve cantar em todas as tessituras", afirmava durante suas *master classes* em 1971 e 1972. Suas interpretações encantaram multidões.

[98]Tenor italiano, Enrico Caruso (1873-1921) estreou em Nápoles em 1894, e seu primeiro sucesso foi em "La Gioconda", como Enzo. Alcançou grande êxito no Covent Garden londrino, quando estreou como o duque de Mântua (1902), do "Rigoletto", de Verdi. Muito admirado nos Estados Unidos, brilhou no Metropolitan e foi considerado o maior tenor do século. Conhecido como notável intérprete de Verdi, suas gravações o tornaram mundialmente famoso.

últimos recitais da carreira de Beniamino Gigli[99], um dos maiores tenores vivos da época. Foi um período fértil esse em São Paulo. Como estudante, eu pude ter um contato mais íntimo com a música como fenômeno na sua totalidade.

Mas foi na Europa que eu realmente cristalizei a minha vocação em termos mais concretos, mais definidos. A Europa foi um trampolim para um salto fundamental que aqui no Brasil eu jamais poderia ter dado. Aqui quase não existiam professores, não existiam orquestras, não existia a tradição musical européia, fundamentada, rica, que me propiciaria o contato e a vivência com uma orquestra sinfônica.

Tudo aquilo que eu havia aprendido e vivenciado na Alemanha, em Freiburg, eu pude aplicar na Sinfônica Brasileira, quando conseguimos cristalizar um grande repertório, ampliar incrivelmente o nosso público e divulgar o nosso trabalho pela primeira vez no exterior, obtendo críticas extremamente favoráveis, sem precedentes na história da música sinfônica brasileira. Apesar da opinião de muitos críticos locais, que julgavam essa iniciativa "uma ousadia absurda", sem perceber que uma turnê bem-sucedida serviria para renovar o interesse do público pela orquestra, além de atrair a atenção de solistas importantes. A orquestra se superou, adquiriu experiência e personalidade, e durante alguns anos colhemos belos frutos. Além de divulgar os nossos compositores, projetamos uma imagem totalmente inédita do Brasil, conhecido no exterior por tudo, menos por sua música sinfônica.

Foi a partir dessas turnês que novas portas se abriram para mim. Em 1988, ainda à frente da OSB, fui convidado para ser o

---

[99] Filho de sapateiro, o tenor italiano Beniamino Gigli (1890-1957) começou a cantar na igreja paroquial e, posteriormente, em Roma, onde foi admitido no Coro da Capela Sistina. Em 1918, obteve grande sucesso no Scala de Milão como "Fausto", de Boito. Em 1920, estreou no Metropolitan, em Nova York, onde cantou várias vezes. Entre 1930 e 1945, apresentou-se no Covent Garden, em Londres.

diretor artístico e maestro titular da Tonkünstler Orchester de Viena — e aí foi um outro passo, um outro caminho.

Viena foi o berço do império austro-húngaro, onde fermentavam diversas nacionalidades, diversas culturas, e onde conviveram harmonicamente todas as tendências mais importantes do século XX. Em fins do século XIX e princípio do século passado, elas eram apenas embrionárias, mas já estavam lá presentes, fermentando. Foi uma cidade que me marcou profundamente.

Não se pode esquecer que Viena foi o berço da arte progressista na pintura, com Klimt[100], e o berço da psicanálise, com Freud. Foi lá, em Viena, que floresceu a grande escola da revolução musical no século XX, com Alban Berg, Anton Webern, Schoenberg — quase como uma conseqüência direta de tudo que a cidade ofereceu no passado, onde conviviam, num raio de 30 quilômetros, compositores como Beethoven, Mozart, Haydn, Schubert[101] e, mais tarde, Brahms, Schumann, tantos compo-

---

[100]Gustav Klimt (1862-1918), pintor e artista gráfico austríaco, nasceu em Viena na época em que Sigmund Freud, o Pai da Psicanálise, sondava as profundezas da mente humana e da sexualidade. Após uma fase inicial impressionista, foi influenciado pelo simbolismo e pela *art noveau*, sendo considerado o principal artista da vanguarda vienense da virada do século.

[101]Nascido num subúrbio de Viena, Franz Peter Schubert (1797-1828) compunha depressa e muito: em um ano compôs quatro óperas, duas sinfonias, 150 *lieder*, duas missas, dois quartetos de cordas, duas sonatas para piano, dezenas de obras corais, danças e peças para piano; seu "Quarteto de Cordas em Si Bemol" foi concluído em quatro horas e meia. Contra a vontade do pai, entregou-se à música e à vida boêmia. As manhãs eram reservadas à composição; as tardes, às sessões musicais com os amigos (as schubertíadas); as noites pertenciam às tavernas. "Não tínhamos um tostão, mas éramos felizes." Embora sua música fosse conhecida nas ruas de Viena, não conseguiu acesso às salas de concertos e teatros de ópera, e foi enganado pelos editores musicais. Deprimido com a morte de Beethoven — "quem pode ainda fazer alguma coisa depois dele?" — e enfraquecido por uma doença venérea, morreu aos 31 anos de idade.

sitores. É incrível que uma cidade tão pequena, comparada ao Rio de Janeiro e a São Paulo, tenha tido uma vocação cultural tão flagrante. Uma vocação que certamente mudou os destinos do mundo. A Escola de Viena propiciou a formação dos grandes movimentos que iriam revolucionar o mundo, desde o século XVIII até o século XXI.

Eu guardo muitas lembranças desse período. Eu morava bem no centro da cidade, pertinho da ópera e da casa onde morreu Mozart; pertinho de uma das casas que Beethoven habitou, onde ele compôs a "Sonata 111 para piano". Eu andava pelas ruas em Viena e lia: "Aqui morou Schubert"; "Aqui viveu Beethoven, de tanto a tanto"; "Aqui morreu Mozart". Hoje, infelizmente, transformaram o prédio onde ele morreu num supermercado. Mas, tirando esse sacrilégio contra o local onde morreu Mozart, Viena sabe honrar o seu passado. Todos os grandes monumentos são fielmente preservados.

Eu já havia trabalhado como regente convidado diversas vezes em Viena. Até que um belo dia, a pedido da própria orquestra — como aconteceu agora em Nantes e, em 1995, em Veneza —, me ofereceram um contrato. O convite foi quase uma surpresa. O diretor-administrativo veio pessoalmente ao Brasil formalizar as bases do contrato: "Olha, Karabtchevsky", ele disse, "está na hora de você ter um vínculo maior com a orquestra. Trago comigo uma carta em que os músicos pedem por você". Começamos com um contrato de três anos, como é de praxe, que mais tarde foi prorrogado por mais três anos.

A Tonkunstler é uma orquestra basicamente sinfônica. Mas como Viena é uma cidade fantástica, uma cidade musical por excelência, eu tive oportunidade de ser também convidado para trabalhar com a Staatsoper (Ópera de Viena), a Volksoper e o Musikverein, considerados os melhores teatros de

Viena, onde comecei a ampliar o meu repertório operístico, que já havia iniciado em São Paulo. "Uma tragédia florentina" e "O aniversário da infanta", de Zemlinsky[102], e "O caso Makropulos", de Janacek,[103] foram grandes sucessos. Cheguei a um ponto em que eu podia dizer que era plenamente um regente sinfônico e operístico.

Em Viena, um ciclo se fecha. O jovem de São Paulo, formado na tradição do canto, da música lírica materna, passa pelo coral, ingressa na música sinfônica e chega a Viena, onde começa a ser chamado para fazer ópera, que é um gênero que engloba tudo aquilo que eu havia aprendido: música coral, instrumental e, pela primeira vez, uma realidade teatral. Viena foi para mim um marco importantíssimo, porque me abriu as portas para a "obra de arte total"[104].

Como convidado, eu fui regularmente não só a Viena, mas a todas as grandes cidades da Europa: Paris, Londres, Berlim,

---

[102]Incentivado por Mahler, o austríaco Alexander von Zemlinsky (1871-1942) tornou-se regente e compositor de óperas. Esteve à frente da Volksoper de Viena, da Ópera da Corte de Viena, do Novo Teatro Alemão de Praga e da Krool Oper, em Berlim. Com a ascensão do nazismo, emigrou para os Estados Unidos. Escreveu sinfonias, quartetos, canções e óperas, como "Uma tragédia florentina" e "O aniversário da infanta", baseadas em obras do escritor inglês Oscar Wilde.

[103]"O caso Makropulos", ópera com libreto e música do compositor tcheco Leo Janacek (1854-1928), conta a história de "uma mulher sem idade" que a todos encanta. Depois de descobrir um elixir da longa vida, Makropulos, médico da corte de Rudolph II de Habsburgo, é preso e obrigado a dar a poção à sua própria filha.

[104]Com a Tonkunstler de Viena, o maestro Karabtchevsky fez várias turnês internacionais, incluindo China, Coréia e Japão. Por sua atividade na Áustria, recebeu do governo austríaco a comenda Grande Mérito à Cultura, reconhecimento dado pela primeira vez a um cidadão brasileiro.

Madri...[105] Enfim, regi em quase todas as grandes capitais européias, além de diversas outras cidades. Em 1999, por exemplo, dirigi na Washington Opera House "Boris Godunov", de Mussorgsky[106]. Sempre na condição de maestro convidado. O que, aliás, é uma posição muito cômoda, muito tranqüila, porque você não tem grande responsabilidade em relação às orquestras. Você é um simples convidado. Vai para fazer um ou dois concertos, escolhidos de comum acordo com a direção da orquestra e via empresário, que é o intermediário desse tipo de contato. E, entre um concerto e outro, de repente aparece uma proposta, e de convidado você passa a ser estável. Esse é o princípio que prevalece com maestros de todo o mundo que costumam ser requisitados para reger em outros países.

UM SALTO NO ESCURO

O sistema da ópera na Áustria, na Alemanha, nos países nórdicos é diferente do sistema italiano, que propõe uma filosofia

---

[105] O maestro Karabtchevsky tem dirigido concertos e óperas em importantes teatros e salas de concertos, tais como Concertgebouw, de Amsterdã; Royal Festival Hall, de Londres; Ópera de Dusseldorf e Ópera de Hannover, Alemanha; Teatro Comunal de Bologna, Academia de Santa Cecília, em Roma, e Teatro Massimo, de Palermo; Teatro Real, de Madri; Sala Pleyel, de Paris, Teatro Nacional de Angers e Teatro Nacional de Nantes, França; Carnegie Hall, de Nova York, e Kennedy Center, de Washington.

[106] Baseada em peça de Pushkin, "Boris Godunov", de Mussorgsky, reproduz um episódio da história da Rússia. Depois de mandar matar o filho do czar, o usurpador Boris ascende ao trono e acaba louco, perseguido pela culpa e pelos fantasmas de Dmitri, o herdeiro morto. Em 1999, o crítico do *Washington Post* Tim Page destacou a interpretação do maestro Karabtchevsky entre os dois melhores espetáculos da temporada do Kennedy Center.

de trabalho completamente diversa. Na Itália, o teatro é fechado durante um mês, período em que ele se prepara para receber um título operístico, que tem um determinado número de récitas. Em geral, dez récitas, no máximo. Ou seja, você só faz uma produção por mês. Com um só maestro e um só elenco. Na Áustria, na Alemanha, na Inglaterra e até nos Estados Unidos, é diferente. Você tem uma produção por noite. Com o teatro sempre cheio. Uma noite você faz Wagner, outra faz Mozart, Beethoven, Verdi, Puccini[107]. Cada noite um espetáculo diferente. Existe uma margem de cerca de quinze títulos por mês que se alternam. Ou seja, no decorrer das semanas, eles simplesmente repetem os títulos. Isso faz com que a orquestra esteja devidamente preparada e os cantores sejam previamente convocados. Já os maestros são escolhidos de acordo com as suas possibilidades de tempo. Quer dizer, nem sempre você encontra o mesmo elenco de cantores e o mesmo maestro que estreou aquela ópera. Digamos que ela começou em maio, mas tenha uma apresentação em agosto. Será que os cantores que estrearam estarão livres em agosto? Será que o maestro que regeu em maio poderá reger em agosto? Possivelmente, não. Então se exigem outros cantores e outros maestros. Ou seja, é um regime de maestros convidados. A orquestra se alterna, cada vez com um novo regente.

---

[107]"Manon Lescaut", seu primeiro sucesso, canta o romance entre um cavaleiro e uma jovem recém-saída do internato que, por amor ao luxo, acaba perdida. "La bohème", considerada sua obra-prima, retrata a boêmia parisiense às vésperas do século XX. "Tosca", a tragédia da bela cantora romana e de seu amante, encantou o público romano na sua estréia, em 1900. "Madame Butterfly", a tragédia de Cio-Cio-San e de seu amante americano, foi recebida com hostilidade pela platéia do Scala de Milão, mas, três meses depois, em Brescia, foi aplaudida de pé. "Turandot", a princesa que mata seus pretendentes mas é obrigada a amar um príncipe desconhecido, foi seu canto de cisne, que deixou incompleto. Estas são algumas das óperas escritas pelo compositor italiano Giacomo Antonio Domenico Michele Secondo Maria Puccini (1858-1924).

Foi numa dessas oportunidades que me convidaram pela primeira vez para reger em Viena. Um título que já estava em cartaz, cantores que eu não conhecia e uma orquestra que eu nunca tinha regido em toda a minha vida. E como eles têm uma ópera por noite, quem disse que eu pude trabalhar com os músicos?

A técnica é a seguinte: você reúne os cantores que vão trabalhar com você numa sala com um piano e é jogado diretamente no palco, sem conhecer a cara da orquestra, sem saber como os músicos vão reagir com você. Resumindo: você conhece a orquestra na hora em que vai regê-la.

Mas, graças a Deus, para minha sorte, a orquestra que toca na Ópera de Viena é nada mais, nada menos que a Filarmônica, uma das maiores orquestras do mundo. A Filarmônica de Viena não é só uma orquestra famosa de música sinfônica. É a Orquestra da Casa de Ópera que, em seus momentos livres, faz música sinfônica. Uma orquestra de muitas facetas — porém a mais importante delas é fazer ópera. E é a melhor orquestra de ópera do mundo exatamente porque é a famosa Orquestra Filarmônica de Viena[108]. E foi com ela que eu dei os meus primeiros passos em relação à ópera. Músicos excepcionais.

Então eu percebi que qualquer gesto que eu fazia eles seguiam rigorosamente. Agora, não deixa de ser um salto no escuro. Quando você não ensaia com uma orquestra, quando você só tem um ensaio em sala com os cantores, você não sabe o que pode acontecer. Você não tem experiência. Mas esse é o sistema — e eu tomei ojeriza a essa forma de fazer música. É um processo que pode

---

[108]Desde Gustav Mahler, Viena esteve à frente da ópera internacional. Sobre o seu pódio estiveram Richard Strauss, Bruno Walter, Herbert von Karajan, Lorin Maazel e Claudio Abbado. A Filarmônica de Viena é considerada uma das quatro maiores orquestras de ópera do mundo — ao lado do Scala de Milão, do Covent Garden de Londres e do Metropolitan Opera House de Nova York.

determinar tanto a sua glória quanto a sua ruína. Independe do seu talento. É como se jogar numa piscina sem saber se ela tem água. Essa é a sensação, de se precipitar num vácuo, sem saber onde se vai parar.

Foi aí que eu pude comprovar como é importante você ser claro em sua regência. A clareza é fundamental, porque, nesse momento, é o único referencial que a orquestra tem para seguir os cantores. Se o maestro não é claro e não teve tempo de ensaiar, a orquestra se perde — mesmo sendo a Filarmônica de Viena, mesmo tendo músicos experientes como os de Viena. Através do sistema anglo-saxão de ópera eu aprendi que a gestualidade — a mais clara possível, que possa ser compreendida por todos — e o contato com o palco cênico são da maior importância para um regente de ópera.

COMANDO: UMA QUESTÃO DE EXERCÍCIO

Na minha vida os fatos têm acontecido quase que encadeadamente, um após o outro. Felizmente ou infelizmente, não sei, uma coisa sucede a outra. Quando eu esperava que, ao término do meu contrato em Viena, em 1994, eu fosse ficar alguns meses descansando, eis que de repente surge um convite para ser titular em Veneza. E, só para completar o raciocínio, terminado o meu contrato em Veneza, em dezembro de 2001, em janeiro de 2002 eu já estava contratado para trabalhar como diretor musical das óperas de Nantes e Angers.

Eu nunca tive um intervalo entre os meus empenhos como diretor fixo. De uma certa maneira foi bom, porque assim eu pude exercitar sempre a minha capacidade de comando — que, como qualquer outra atividade, precisa de exercício. Até para comandar não basta só o talento. É fundamental que você tenha experiência. Então, nesse sentido, foi ótimo para mim. Saí da Sinfônica Brasileira, ocupei uma posição de comando em São Paulo, depois em Viena, Veneza e, agora, Pays de Loire. Ou seja, desde 1969 eu estou comandando orquestras e teatros — o que me deu uma imensa bagagem. Conheço profundamente tudo o que você quiser saber em relação a teatro e à organização administrativa de um teatro.

Quando eu saí de Viena, a minha idéia era ir para Milão, porque um grande amigo meu, Mário Messinis, um dos maiores musicólogos da Europa, diretor artístico da RAI — Radiotelevisione Italiana — em Milão, me convidou para ser titular da orquestra. Maria Helena e eu fizemos as malas, deixamos Viena e alugamos um apartamento em Milão. Só que o governo italiano, a essa altura por razões econômicas, resolveu acabar com todas as orquestras da RAI. Tinha a RAI Milão, a RAI Roma, a RAI Nápoles, mas só a RAI Turim foi preservada. Quando isso aconteceu, cheguei a pensar que iria ficar livre por um tempo, mas dois meses depois o maestro Siciliani[109], uma das figuras mais míticas da Itália, já falecido, me convidou para assumir a titularidade do teatro La Fenice, em Veneza.

Por um determinado período nos vimos nessa curiosa situação de ter uma casa no Rio, um apartamento em São Paulo, uma casa em Milão e um apartamento em Veneza — o que me ocasionava problemas terríveis, porque eu não sabia onde é que estavam as minhas partituras! Para me organizar, coloquei todas no

---

[109] O maestro Francesco Siciliani foi um dos grandes diretores operísticos contemporâneos, tendo sido responsável pela descoberta de numerosos talentos, como a soprano Maria Callas.

computador, onde elas se encontram até hoje. No início de 1995, entregamos a casa em Milão e fomos viver em Veneza.

VENEZA: ÁGUA E FOGO

Veneza é um impacto para qualquer pessoa. Primeiro porque é uma cidade construída sobre as águas — e, de certa maneira, sob as águas. Durante o fenômeno conhecido como *Acqua Alta*, a parte inferior de alguns prédios simplesmente desaparece. A maré sobe e você é obrigado a andar com aquelas botas de pescador, de borracha, que vão até a cintura. É a única maneira de você andar nas ruas de Veneza. Sob esse ponto de vista, é uma cidade absolutamente irreal.

Essa irrealidade você observa no fato de a cidade estar localizada em meio a uma lagoa. Em algumas noites a bruma é tão intensa que você tem a sensação de poder cortá-la com uma faca, tamanha a sua espessura. Essa cidade envolta em brumas pode transmitir um senso de profunda desintegração. Por outro lado, é a única cidade do mundo que apresenta esse contraste absoluto entre a alegria de viver e a tristeza mais absoluta. Não foi um mero acaso que levou Thomas Mann a escolher exatamente Veneza para escrever aquela obra maravilhosa, *Morte em Veneza*[110].

Apesar de ser uma cidade esteticamente perfeita, Veneza tem elementos de perturbação emocional que induzem a pessoa a uma profunda melancolia. Até pela simples observação dos prédios.

---

[110] Em 1912, Thomas Mann publica seu terceiro romance, *Morte em Veneza*. A história da paixão platônica de um escritor de meia-idade por um adolescente inspirou Visconti a transformá-la em filme, lançado em 1971, com música de Gustav Mahler e Dirk Bogarde no papel principal.

A decomposição que você observa naqueles edifícios dos séculos XV e XVI — provocada pela ação das águas, da salinidade e do próprio tempo — você acaba incorporando. É como se você testemunhasse a sua própria decomposição como ser humano. É uma sensação que nenhuma pessoa com sensibilidade consegue evitar. É um sentimento estranho esse. Você se confunde com essa degradação. Você se sente parte dela. E é aí que vem o sentimento de profunda melancolia, principalmente nas noites de outono e inverno.

Veneza foi fundada pelos seus habitantes primitivos basicamente como um refúgio contra as invasões de povos vindos de fora, estrangeiros, bárbaros. Aliás, todas as cidades européias são emolduradas por fortalezas. Até o Rio de Janeiro tem fortificações que servem para proteger a cidade de ataques inimigos. Era uma prática comum das cidades da Europa, e Veneza foi escolhida como uma fortificação natural. Só os habitantes da cidade conheciam os pontos onde os navios podiam passar. Só eles conheciam a profundidade dos canais. Era uma aventura invadir a cidade sem conhecer a sua topografia. Os navios afundavam. Ficavam retidos no solo, porque alguns canais são intransponíveis. A fortificação natural de Veneza era uma proteção evidente.

De uma certa maneira, esse espírito se refletiu na própria civilização veneziana. São muito fechados, muito desconfiados. Uma mentalidade oriental — eu diria até um pouco levantina. Afinal, a ponte do comércio do Oriente para a Europa foi feita através de Veneza. E até hoje você encontra na cidade afrescos e objetos de arte orientais, que os piratas venezianos roubaram e trouxeram para Veneza.

Houve também momentos de imensa riqueza determinada pelos senhores burgueses da República de Veneza, uma das forças políticas mais importantes da Europa. Um pólo cujo poder era não apenas econômico, mas também artístico. Cada igreja tem quadros de Tiepolo e de vários artistas da Escola Veneziana[111], obras importantíssimas que refletem o auge dessa cultura. Sem falar nos compositores, como Vivaldi[112], que lá viveram e desenvolveram a sua arte. Vivaldi é um símbolo musical de Veneza.

Nessa mesma cidade iria se processar toda uma aventura em torno da ópera. Desde Monteverdi[113] que as primeiras audições das óperas são feitas em Veneza, como "La Traviata", "Rigoletto"[114] e "Simão Bocanegra"[115] de Verdi, e várias óperas de Rossini. Sempre no Teatro La Fenice. Tal como Viena,

---

[111]Capital dos prazeres na primeira metade do século XVIII, Veneza era também a capital das artes, reunindo músicos como Vivaldi, literatos como Goldoni e pintores como Giovanni Battista Tiepolo, nascido na Sereníssima República de Veneza em 1696. Trabalhou basicamente como pintor de afrescos, recebendo encomendas inclusive da Alemanha e da Espanha, onde morreu em 1770.

[112]Dom Antonio Lucio Vivaldi (Veneza, 1678-1741) foi exímio violinista e compositor. Ordenado padre aos 25 anos, pouco exerceu a profissão, embora nunca tenha abandonado a batina. De temperamento empreendedor, preferia dividir-se entre o Ospedale della Pietà — um orfanato para meninas em regime de claustro onde a música ocupava um lugar privilegiado — e o Teatro Santo Ângelo, onde suas óperas encantavam um público ruidoso, em que se misturavam nobres e plebeus. Uma das maiores personalidades da vida musical de Veneza, suas obras ultrapassaram as fronteiras italianas. Contudo, após quarenta anos de domínio absoluto, morre em Viena, onde é enterrado como indigente.

[113]O italiano Cláudio Giovanni Antonio Monteverdi (1567-1643) é considerado o "pai da moderna orquestração". Iniciou sua carreira musical como cantor, violinista e mestre de capela da corte do principado de Mântua, onde estreou sua primeira ópera, "Orfeu". Em seguida escreveu "Arianna", cuja maior parte se perdeu num incêndio. Em 1612 assume a direção musical da cidade de Veneza e passa a compor missas, hinos e motetos, sem jamais abandonar sua paixão pela ópera. Com a morte da esposa, torna-se religioso.

[114]Ópera de Verdi baseada na peça de Victor Hugo, Rigoletto é o trágico corcunda e bobo da corte que quer vingar-se do homem que desonrou sua filha, Gilda, sem saber que ela se apaixonara por ele.

[115]"Simão Bocanegra", ópera de Verdi baseada em peça teatral de Gutiérrez, conta a história do reencontro do doge Simon Boccanegra com filha que julgara perdida.

Veneza era uma das cidades mais fascinantes do império austro-húngaro, um caldeirão em que fervilhavam diversas culturas. Ela guarda até hoje essa mentalidade.

As minhas primeiras óperas em Veneza, como não podia deixar de ser, foram óperas até então revolucionárias. Uma foi "Erwartung"[116], de Schoenberg, a outra, "O Castelo do Príncipe Barba-Azul", de Béla Bartók[117]. Duas pequenas óperas acopladas numa mesma noite. Um repertório inusitado. O mesmo sentido histórico de São Paulo: comecei com as óperas mais difíceis. Poderia ter iniciado com obras mais simples, mas optei pelas mais "problemáticas". O que, de uma certa maneira, é bom, porque já cria alguma expectativa. Se um maestro é capaz de fazer esse repertório, é capaz de fazer tudo. Claro que essa regra não se aplica a todos, mas em geral o maestro que apronta um programa dessa envergadura está bem calcado na tradição teatral do repertório contemporâneo.

Veneza foi também um ponto culminante da minha carreira, onde pude aplicar toda a minha experiência. No La Fenice, as atividades sinfônicas e operísticas eram paralelas e concomitantes. E foi na qualidade de diretor de ópera que eu fui convidado para fazer uma turnê com o La Fenice ao Japão, onde apresentamos duas importantes produções operísticas: "La Traviata" e "Simão Bocanegra", de Verdi. Fomos também à Polônia, onde nos apresentamos no Teatr Wielk, um teatro espetacular. Não esperava que em Varsóvia houvesse um teatro dessa magnitude.

---

[116]Em "Erwartung", monodrama para soprano e orquestra, de Schoenberg, uma mulher vagueia por uma floresta durante a noite em busca de seu amado, que encontra morto. Ela canta sua perda irreparável.

[117]Quando Judith entra no castelo de Barba-Azul, ela se vê diante de sete portas. Em cada uma delas encontra marcas de sangue. Contra a vontade do homem que ama e por quem abandonou seus pais e sua casa, ela abre a sexta e a sétima portas, e tudo o que a espera são lágrimas e escuridão.

Na noite de 21 de janeiro de 1996, depois do jantar, toda a equipe estava sentada no saguão vendo televisão. Músicos, coristas, técnicos. De repente, a notícia de que o Teatro La Fenice, em Veneza, estava pegando fogo. A lembrança da reação das pessoas me provoca arrepios até hoje. Gente chorando, gritando; um sentimento de dor estampado em cada rosto. Ao mesmo tempo, aliada à dor, uma certa estupefação. Ninguém acreditava que aquilo estivesse acontecendo naquele momento, diante dos nossos olhos.

O Teatro La Fenice era um teatro frágil, de madeira, construído no final do século XVIII. Uma jóia de arquitetura e de acústica. Eu sempre o comparava à caixa de um Stradivarius. Ele parecia ser construído do mesmo material. Possuía o mesmo excesso de harmônicos, a mesma reverberação — qualidades que o tornavam um teatro excepcional, assim como os violinos Stradivarius[118]. Foi profundamente doloroso ver um capítulo da história da música queimar completamente. Não sobrou nada. Restaram apenas as quatro paredes laterais. Mas toda a estrutura interna, feita de madeira, material de fácil combustão, foi destruída. Voltamos para Veneza sem saber o que iria acontecer.

CONCERTOS SOB A LONA

Já em casa, ainda atônitos, recebemos as manifestações de solidariedade de todo o meio artístico. Chegavam mensagens de todas as partes do mundo, até do Japão, oferecendo recursos.

---

[118]Em 1666, o italiano Antonio Stradivari (1644-1737) fabricou seu primeiro violino e, desde então, seu estilo jamais foi superado. Alguns dos seus instrumentos conservam-se até hoje e são tocados por virtuoses.

Estabeleceu-se uma rede de comunicação mundial de solidariedade e de apoio ao teatro, que acabou por levar o prefeito da cidade, Massimo Cacciari, grande amigo meu, a promover a reconstrução do teatro *com'era, dov'era* (como era onde estava). Para mim foi uma decisão discutível, porque eu sempre achei que, já que o La Fenice havia sido destruído, deveríamos partir para um modelo *à la* Sidney, na Austrália: um teatro arrojado, voltado para o mar, com uma projeção arquitetônica mais ampla, um fosso de orquestra maior, adaptado para o século XXI — e não um teatro pequeno, construído nos moldes do século XVIII. Eu achava que eles deviam fazer uma coisa mais revolucionária, mas eles optaram pela tradição. Por razões psicológicas, eu até compreendo. Desde então o teatro vem sendo reconstruído. Estamos no final de 2002 e ele ainda se encontra em fase embrionária, com os alicerces sendo edificados.

Quanto a nós, só havia duas opções: ou deixar a equipe em casa — coro, músicos, técnicos, cantores — ou partir para uma solução mais corajosa: continuar trabalhando. Mas onde? Foi aí que a Telecom, junto com a Prefeitura de Veneza, resolveu construir uma grande tenda, uma espécie de circo sofisticado. Com camarins, ar-condicionado, calefação, cabines telefônicas, banheiros... Como se fosse um teatro, mas era sempre um circo, uma estrutura de lona. Fizemos uma caixa acústica, que até funcionava de maneira decente, e, numa assembléia-geral, optamos por continuar trabalhando nessas condições. Não eram condições ideais, mas quando se pensa que, na Europa pós-Segunda Guerra Mundial, as pessoas realizavam concertos sob os escombros das igrejas... A música continuava até como uma forma de suportar a realidade. Portanto, trabalhar numa tenda enquanto a nossa casa estava sendo reconstruída era uma coisa mais do que normal.

Claro que isso exigiu um esforço enorme de todo o grupo. Não trabalhar em um teatro representava um sacrifício, porque éramos freqüentemente interrompidos pelas tempestades. A água da chuva, ao cair sobre a lona, provocava um barulho ensurdecedor, a ponto de eu ter que muitas vezes interromper os concertos pela metade. E, como vivíamos numa cidade cercada por uma lagoa, a simples passagem de um navio era motivo suficiente para desconcentrar artistas e público. Como se não bastassem as intempéries, havia a proximidade com o aeroporto. Os aviões subiam e desciam exatamente naquela região. Quando eu estava regendo e me aproximava de algum trecho da música que pedia pianíssimo, eu rezava para que não desabasse nenhum temporal, não aterrissasse nenhum avião, nem apitasse nenhum navio.

Mas é interessante como esses períodos de grande desafio, que representam grandes tragédias, grandes comoções, são capazes de provocar reações extremas e positivas — talvez para compensar essa dura realidade. Foi exatamente nesse período que nós conseguimos nos reestruturar, renovando completamente a orquestra e o coro e nos transformando numa das melhores orquestras da Itália. "Mas como?", você pode perguntar. "Nessas condições?" E a minha resposta é que graças exatamente a essas condições foi possível realizar um trabalho de reformulação dos corpos internos do teatro. Dar-lhe uma dimensão internacional. E basear todo o nosso trabalho na nossa qualidade — que era a nossa balsa. Nada poderia ser pior do que trabalhar naquelas condições. E, já que optamos por trabalhar assim, deveríamos optar igualmente por trabalhar bem.

SOLISTAS E PREMIÈRES

Com o La Fenice eu tive oportunidade de registrar em CD diversas interpretações e de trabalhar com grandes cantores. Eu diria, só para citar alguns, a húngara Eva Marton e a russa Maria

Guleghina, sopranos. Contudo, mais do que a atuação com grandes cantores, o que mais me enriqueceu foi a escolha dos títulos: "Erwartung", "O Castelo do Príncipe Barba-Azul", "O Holandês Voador"[119], "Don Giovanni", "Falstaff"[120], "Carmen", "Fidelio"[121], "Aída", "Rei Teodoro em Veneza"[122], "Sansão e Dalila"[123], "Um baile de máscaras"[124], "Sadko"[125], "Billy Budd"[126], "Simão Bocanegra",

---

[119]"Der Fliegende Hollander" ("O Holandês Voador" ou "O Navio Fantasma") tem música e libreto de Wagner. A ação se passa em uma aldeia norueguesa de pescadores do século XVIII. Obrigado a vagar eternamente pelos mares em seu navio fantasma, o Holandês Voador é salvo pelo amor de Senta, que se atira ao mar e sobe aos céus ao seu lado.

[120]Na última ópera de Verdi, baseada em "As alegres comadres de Windsor" e "Henrique IV", de Shakespeare, o gordo e infeliz Falstaff tenta, sem sucesso, cortejar a senhora Ford — com a falsa ajuda de seus criados e do próprio senhor Ford.

[121]Única ópera de Beethoven, cujas duas primeiras versões fracassaram. A terceira e definitiva versão de "Fidelio" estreou em 1814, no Karnthnerthor Theatre, em Viena, contando a história do resgate de Florestan, preso político, por sua esposa Leonora.

[122]"Rei Teodoro em Veneza" foi escrita pelo compositor italiano Giovanni Paisiello (1740-1816), que compôs mais de oitenta óperas — quase todas cômicas. Passou oito anos trabalhando para a czarina Catarina II, em São Petersburgo, onde escreveu "Il Barbiere di Siviglia", texto que Rossini tornaria a musicar quase trinta anos depois. Foi compositor dramático e de câmara do rei de Nápoles e, após um período em Paris, dirigindo a música de capela de Napoleão, voltou à corte napolitana.

[123]Com libreto de Ferdinand Lemaire e música de Camille Saint-Saens, a ópera "Sansão e Dalila" estreou em dezembro de 1877 no Hoftheater, em Weimar. Passada em Gaza, antes de Cristo, conta a história de Sansão, chefe dos hebreus, que, usando sua força descomunal, liberta o seu povo do jugo dos filisteus.

[124]Originalmente intitulada "Gustavo III", a ópera foi inspirada no assassinato do soberano liberal sueco Gustavo III, morto com um tiro nas costas durante um baile de máscaras em Estocolmo, em março de 1792. A estréia, prevista para o carnaval de 1858, em Nápoles, foi suspensa devido à tentativa de assassinato de Napoleão III durante o período dos ensaios. Rebatizado de "Um baile de máscaras" e tendo sua ação transferida para a cidade de Boston, a ópera foi finalmente liberada, para delírio dos napolitanos.

[125]Ópera em sete cenas de Rimsky-Korsakov, "Sadko" estreou em Moscou em 1898, narrando a estranha lenda de um bardo, passada no século X, no fundo do mar, em Novgorod.

[126]A ópera de Benjamin Britten é baseada na novela do escritor Herman Melville e se passa em 1797, ano dos mais famosos motins. Trata-se da trágica história de um bravo e tímido marinheiro, Billy Budd, acusado injustamente de ter sido o pivô de uma rebelião.

"La Traviata", "Capriccio", "Tristão e Isolda"[127], "O amor por três laranjas"[128], "Boris Godunov", "Don Carlos"[129], "O Barbeiro de Sevilha"[130].

Algumas destas óperas foram feitas em Veneza pela primeira vez, como "O amor por três laranjas", de Prokofiev, que ele escreveu em russo e em francês. Fiz óperas contemporâneas, óperas de tradição, como o "Rei Teodoro em Veneza", de Giovanni Paisiello, que, embora tenha um tema veneziano, nunca era feita por lá. Nesses seis anos com o La Fenice, minha atividade como regente de ópera foi extremamente ampliada[131].

Tive também o prazer de trabalhar ao lado de grandes solistas, que me impressionaram sobremaneira. Quando eu ainda era

---

[127] Baseado em uma lenda narrada por Gottfried Von Strassburg, Wagner escreveu e musicou a ópera "Tristão e Isolda", considerada um marco da música moderna. Tristão escolta a princesa irlandesa Isolda, prometida ao rei Mark de Cornwall, seu tio. Apaixonados, ingerem uma poção que acreditam ser veneno, mas que, na verdade, é um elixir de amor.

[128] Com libreto escrito pelo próprio compositor, Prokofiev, "O amor por três laranjas" se passa no palácio do Rei de Paus, soberano de um reino imaginário e pai de um jovem hipocondríaco, que ninguém consegue curar — só o riso e o amor de uma das donzelas escondidas entre as três laranjas.

[129] Baseado em peça de Schiller, Verdi escreveu a ópera "Don Carlos", que se passa na Espanha de Filipe II, quando seu filho e herdeiro se apaixona pela noiva do próprio pai, Elisabeth de Valois.

[130] A partir das comédias escritas por Beaumarchais sobre o barbeiro Fígaro, Mozart e Rossini compuseram, respectivamente, "As Bodas de Fígaro" e "O Barbeiro de Sevilha". Na ópera de Rossini, o conde Almaviva conta com a ajuda do barbeiro Fígaro para aproximar-se de Rosina, severamente vigiada por seu tutor, que espera casar-se com ela e apoderar-se de seu dote. A estréia — em fevereiro de 1816 em Roma — foi um fracasso. "Todos os assobiadores da Itália pareciam ter marcado encontro naquela noite."

[131] As principais interpretações do maestro Karabtchevsky no La Fenice foram gravadas em CD, tendo recebido excelentes críticas da imprensa internacional. "Sinfonia 2 em dó menor" e "Berg Mahler" ("Siben Fruhe Lider" e "Auferstehung"), de Gustav Mahler; "Sadko", de Rimsky-Korsakov; "Romeu e Julieta", de Tchaikovsky, e "Sinfonia Novo Mundo", de Dvorák; "Requiem", de Luigi Cherubini; "Fidelio", de Beethoven; "Romeo et Juliette", de Berlioz; "Il Re Teodoro in Venezia", de G. Paisiello; "Concerto per pianoforte e orchestra" e "Sinfonia 40", de Mozart.

regente da Sinfônica Brasileira, era praxe convidarmos um dos maiores pianistas do século para interpretar o ciclo dos concertos de piano: Claudio Arrau, figura notória no ambiente musical carioca. Atualmente a OSB não tem mais possibilidade de trazer um artista dessa envergadura pelas próprias limitações financeiras em que ela vive. Mas aquela era uma época muito propícia, todos os artistas internacionais de peso passaram por aqui, como Isaac Stern, Leonard Rose e Eugene Istomin[132].

Arrau foi, entre todos, o que mais me marcou. Lembro da primeira apresentação que fizemos juntos, inaugurando o ciclo integral dos concertos de Beethoven, no início dos anos 70, quando eu estava ainda iniciando as minhas atividades com a Sinfônica Brasileira. Eu estava tão nervoso que me deu uma espécie de branco. Sabe aquela sensação que precede o desmaio? Era como se eu o estivesse regendo a distância, como se uma outra pessoa estivesse no meu lugar. Uma sensação muito estranha. De distanciamento. De quase desmaio. Como se eu estivesse planando no ar e não fosse mais eu, e sim uma outra pessoa. Até que, pouco a pouco, eu fui me recompondo, recompondo... Eu continuei a reger, claro, mas foi essa a sensação que eu tive, de tão nervoso que estava. Ao longo dos nossos encontros tivemos oportunidade de criar uma amizade muito sólida. Mais do que amizade, eu diria um profundo senso de admiração e respeito pela personalidade, pelo carisma de Claudio Arrau.

Dos solistas brasileiros importantes com os quais eu trabalhei, não posso deixar de falar de Jacques Klein[133]. Foi com

---

[132] A partir de 1960, o violinista Isaac Stern tocou em trio com o violoncelista norte-americano Leonard Rose e o violista Eugene Istomin.
[133] Nascido no Ceará, Jacques Klein (1930-1982) estudou no Rio de Janeiro, em Nova York e Viena. Em 1953 obteve o primeiro lugar no Concurso Internacional de Genebra, dando início à sua carreira internacional, em turnês pela Europa e pelos Estados Unidos. Foi um dos principais solistas brasileiros de sua geração.

ele que eu aprendi basicamente todo o repertório de piano e orquestra. Jacques foi não só um grande amigo, mas uma das pessoas que mais me marcaram musicalmente. Com o Jacques eu aprendi a intuição do fraseado, o senso da dinâmica; ele me ensinou a tornar a orquestra um elemento importante na trama do acompanhamento. Ou seja, fazer com que a orquestra se inserisse na linguagem do solista, não fosse um mero acompanhamento. Como se ela brotasse da própria emulação do instrumento solo — no caso do Jacques, o piano. Com o Jacques eu aprendi a construir o acompanhamento. Nós chegamos a fazer quase tudo juntos. Mas isso só foi possível por meio de uma grande e profunda amizade e um senso de respeito recíproco. Jacques foi sem dúvida um pianista completo. Trabalhei com outros pianistas famosos, como Arnaldo Estrella, Nelson Freire, Arnaldo Cohen[134], com os quais eu viria a ter uma excelente relação.

Também trabalhei com a pianista argentina Martha Argerich e o violinista Gidon Kremer. Eu só regi uma vez a Guiomar Novaes[135], já no fim da sua vida, portanto não tive muito contato com ela, foi um concerto só. Mas com a Magdalena Tagliaferro[136] eu tive oportunidade de realizar um trabalho mais

---

[134]Arnaldo Estrella (1908-1980), pianista carioca, apresentou-se em recitais nos grandes centros musicais da Europa e dos Estados Unidos. O mineiro Nelson Freire, nascido em 1944, é um dos mais famosos pianistas da atualidade. Em 2002, comemorou 40 anos de uma carreira que já o levou a apresentar-se no mundo inteiro. Arnaldo Cohen, carioca nascido em 1948, aperfeiçoou-se com Jacques Klein. Em 1972, deu início a uma bem-sucedida carreira internacional.
[135]A pianista brasileira Guiomar Novaes (1894-1979) tirou o primeiro lugar em concurso para o Conservatório de Paris. Entre os jurados, Debussy e Fauré. Em 1911 estreava como solista em Paris, realizando concertos pela Europa e pela América do Sul. Em Nova York, onde estreou em 1915, ainda é lembrada como referência da arte pianística romântica.
[136]"Intérprete carismática e chefe de uma verdadeira escola pianística", a pianista brasileira Magdalena Tagliaferro (1894-1986) estudou no Conservatório de Paris e se apresentou por toda a Europa, ganhando a Legião de Honra em 1937. Viveu no Brasil durante a Segunda Guerra, dando cursos de interpretação que marcaram época. Depois voltou a morar na França, de onde só saía para dar concertos.

continuado e mais amplo. Magdalena era uma personalidade igualmente fascinante, que me impressionou incrivelmente. Aos oitenta anos de idade, ela se apresentava com um enorme decote nas costas. Costas belíssimas, aliás, para quem tinha oitenta anos. Magdalena teve oportunidade de conviver com todos os grandes artistas da França *belle époque*. Ela conhecia todos eles e adorava transmitir o seu conhecimento. Ela dizia: "Aqui Fauré tocava dessa maneira" ou "Fauré queria que fosse dessa maneira". Ela falava por experiência própria, porque tinha convivido com Gabriel Fauré[137].

ESTRELAS TEMPERAMENTAIS

1970 foi o ano das comemorações beethovenianas, quando vivi experiências marcantes. A primeira, que eu já comentei, foi com Claudio Arrau, altamente gratificante; a segunda, nem tanto. Por intermédio de uma firma de Buenos Aires, veio se apresentar no Brasil o trio Stern, Rose e Istomin, que fez sensação nas décadas de 60, 70, como o mais consagrado conjunto de música de câmara. Um dos concertos seria regido pelo maestro Kurt Masur, convidado por mim para fazer todo o ciclo dos concertos beethovenianos com a Orquestra Sinfônica Brasileira. Tudo que era Beethoven era com Kurt Masur[138]. Não só as sin-

---

[137] Gabriel Urbain Fauré (1845-1924) é considerado o maior mestre da canção francesa. Viveu como organista e professor, formou alunos brilhantes e foi um dos diretores mais influentes do Conservatório.

[138] O alemão Kurt Masur nasceu em 1927, em Brieg. Foi maestro da Ópera Estatal de Leipzig, da Filarmônica de Dresden, da Ópera Estatal de Schwerin, da Komische Oper Berlim, da Gewandhaus de Leipzig, da Filarmônica de Nova York (1991-2002). Em 2000, assumiu a Filarmônica de Londres.

fonias, mas também o acompanhamento dos grandes solistas: o "Concerto para Violino" com Isaac Stern, um dos maiores violinistas da sua geração, e o "Concerto Tríplice", com Stern, Istomin e Rose.

Para minha surpresa, o Isaac Stern assumiu uma atitude de repúdio ao Kurt Masur — sem nem ao menos conhecê-lo. Pelo simples fato do maestro ser alemão, ele foi estigmatizado pelo violinista, que era judeu e se recusava a tocar com artistas alemães. O que era um absurdo, porque o Kurt Masur nunca manifestou nenhuma posição anti-semita. Tanto que, mais tarde, seria regente em Nova York, e ambos se tornariam muito amigos. Foi uma posição pessoal do Isaac Stern que, como judeu, se recusava inclusive a pisar na Alemanha pós-guerra. Só que ele deveria ter dito isso antes, não em cima da hora.

Diante dessa situação insólita, o doutor Otavio Gouveia de Bulhões, presidente da OSB, me pediu para assumir. Era a única forma de salvar o concerto e não penalizar o público do Teatro Municipal, que a essa altura estava lotado. Foi o que eu tive que fazer, infelizmente. Foi um dos acontecimentos mais lamentáveis dessa minha fase como regente da Sinfônica Brasileira.

Outro intérprete notável com quem eu trabalhei foi o Rostropovich[139], um dos maiores violoncelistas do mundo, se não o maior. Quando ele veio ao Brasil ainda não tinha idéia de se transformar em regente. Acho que o fato de ele querer ser maestro sacrificou muito a sua atividade como músico. Enquanto era

---

[139]Mstislav Leopoldovich Rostropovich, violoncelista, pianista e regente russo, nasceu em 1927, em Baku. Estudou no Conservatório de Moscou e em 1956 estreou em Nova York e Londres. Considerado um dos maiores violoncelistas do século XX, muitos compositores escreveram obras para ele, como Benjamin Britten, Prokofiev, Shostakovich e Lutoslawski. Em 1975 foi obrigado a abandonar a União Soviética e dois anos depois tornou-se regente da Orquestra Sinfônica Nacional de Washington.

somente violoncelista, ele era incomparável. No momento em que começou a se dedicar a outras formas de expressão, ele abandonou de certa maneira o seu instrumento. O que é uma pena, porque realmente eu nunca ouvi uma sonoridade de violoncelo tão perfeita quanto a dele.

Nosso primeiro encontro foi em 1974, durante a turnê que a Sinfônica Brasileira fez à Europa. Estávamos ensaiando o "Concerto para Violoncelo", de Dvorák[140], no Teatro dos Cem Séculos, em Frankfurt, na Alemanha. De repente eu percebo o Rostropovich procurando desesperadamente alguma coisa no chão. Até que ele se levantou e disse que não faria mais o concerto. Eu quis saber por que e ele me respondeu: "Porque estão gravando." Então eu chamei o administrador do teatro e perguntei se realmente eles estavam gravando o concerto. Ele disse que não, absolutamente, os microfones embutidos no chão não tinham nada a ver com gravação, serviam apenas para melhorar a acústica do teatro. Um efeito corretivo natural que priorizava as notas mais graves. Só então ele ficou tranqüilo. E, a partir daí, estabeleceu-se um grande vínculo entre nós. Rostropovich viria muitas vezes ao Brasil fazer concertos com a OSB, convidado pela Miriam Dauelsberg[141]. Veio inclusive como maestro, quando regeu a "Quarta Sinfonia", de Tchaikovsky.

---

[140] Ao contrário de muitos dos seus colegas, o compositor tcheco Antonín Leopold Dvorák (1841-1904) recebeu prêmios e honrarias ao longo de sua vida. Nascido no coração da Boêmia, tocava violino e órgão numa orquestra de salão e, mais tarde, num teatro em Praga. Inspirado no tesouro de lendas tchecas, começa a compor, exibindo suas raízes boêmia e camponesa. A Europa se encanta com "Os Sons da Morávia" e a série "Danças Eslavas". No outono de 1892, embarca para a América, onde pesquisa a música negra e índia e se dedica ao ensino. Volta para casa três anos depois, rico e famoso.
[141] Professora titular da cadeira de Piano da Universidade Federal do Rio de Janeiro e grande incentivadora de novos talentos, Miriam Dauelsberg é presidente da Dell'Arte Soluções Culturais, empresa responsável pela vinda ao Brasil de grandes astros internacionais.

MESTRE KARABTCHEVSKY

A minha atividade como professor é nova. Ela coincide com uma fase de profundo amadurecimento, após ter recolhido algumas experiências que foram fundamentais para o desenvolvimento e a elaboração da minha profissão. Eu não poderia ser um bom professor sem ter vivido essas experiências preliminares. Seria impossível. Eu não teria o que transmitir aos meus alunos. Por isso não acredito em professores muito jovens, que podem ter intuição, mas não recolheram o elemento mais importante que deve ser transmitido aos alunos: a vivência.

No caso do regente isso é ainda mais acentuado do que em qualquer outra profissão, porque na regência você determina qual é o gesto mais apropriado a um determinado efeito musical. A elaboração desses gestos equivale a toda uma experiência vivida no palco e durante os ensaios. É diferente, por exemplo, da experiência de um pintor, de um arquiteto, que pode por intuição determinar a construção de uma casa, ou a forma que deverá ter um determinado objeto. Isso independe de idade; depende de talento. Mas na regência, assim como no teatro, que são atividades que se desenvolvem no palco, elas exigem previamente um exercício cênico.

O palco é o nosso ponto de referência. O palco é onde se estabelece essa íntima cumplicidade entre você e o público. O palco é a nossa dimensão, no sentido de que ele é um pequeno espaço acústico e psicológico onde você desenvolve a sua capacidade de se comunicar. O nosso limite é o palco. E para conhecê-lo inteiramente é preciso vivê-lo.

Os meus professores foram sempre velhos. Exatamente por essa razão. Quando eu iniciei os meus estudos com o professor

Karl Ueter, na Alemanha, ele tinha cinqüenta e poucos anos. Não era velho, mas era um homem que conhecia profundamente o seu *métier*, já tinha exercido plenamente a sua profissão. O fato de eu ter começado essa atividade pedagógica no outono da minha vida me dá autoridade para falar com os meus alunos como alguém que já vivenciou todos os problemas para os quais eles estão procurando soluções.

Tudo começou há quatro anos em Garda, uma região belíssima na Itália, cercada por um belíssimo lago chamado Lago del Garda. No extremo norte do lago há uma cidadezinha chamada Riva del Garda. Foi nessa pequena cidade que a minha amiga Mieta Sieghele resolveu incluir um curso de regência pela primeira vez no seu festival de música. E qual não foi a minha surpresa ao saber que de repente eu tinha mais de quarenta alunos inscritos no curso. Um curso que tinha uma orquestra à disposição — coisa que nós, como estudantes, nunca tivemos, apesar de ser fundamental, repito, poder contar com o nosso instrumento de trabalho.

É muito importante para os alunos, imediatamente após uma aula minha, poderem ficar diante de uma orquestra e exercitar o gesto. E como cada gesto corresponde a uma personalidade, é evidente que um gesto meu, que é efetivo para mim, pode não ser efetivo para o meu aluno. Então eu tenho que descobrir quais são os gestos que podem ser propícios a um amplo desenvolvimento da sua personalidade como músico. Essa é a minha função.

O curso acontece sempre em julho e agosto, e tem alunos de várias partes do mundo. O último que eu dei tinha gente da China, da Coréia, da Alemanha e do Brasil. Em geral, apresentam-se quarenta, cinqüenta candidatos. Mas como não é possível trabalhar com todos, eu faço um rigoroso exame de seleção para estabelecer quais são os quinze que vão trabalhar comigo. Alguns vão sem saber nada, mas eu reconheço o lampejo do talento. Outros já têm algum conhecimento e são igualmente selecionados. Aproveito a oportunidade para estender o convite a todos os jovens brasileiros que desejam estudar comigo. É uma oportunidade única essa em Riva del Garda: poder se aperfeiçoar, tendo a possibilidade de trabalhar com uma orquestra.

Quem costuma nos acompanhar nessa viagem é o meu neto Antonio. Ele adora música e, como mora na Itália desde que nasceu, seu italiano é perfeito. Mas eu ficava intrigado com o fato de ele não querer perder uma única aula. Finalmente descobri o motivo. Os alunos do curso, sabendo quem ele é, sentavam-se ao seu lado para sondá-lo sobre quem tinha sido aprovado, quais deles fariam o concerto de encerramento, o que eu dizia sobre este ou aquele músico... Claro que, para um menino de dez anos, nada podia ser mais lisonjeiro.

Em geral eu seleciono vários períodos musicais reunidos, oferecendo ao estudante a possibilidade de escolher um período no qual ele se sinta melhor. Tem estudantes que vão para lá sabendo reger só Mozart, outros vão querendo aprender Tchaikovsky, outros vão querendo reger Béla Bartók[142]. Então eu abro a possibilidade de escolha sem focalizar um determinado estilo

---

[142]Pianista e compositor, Béla Sinnicolau Mare Bartók (1881-1945) pesquisa e faz arranjos para canções folclóricas húngaras, romenas, eslovacas. A Primeira Guerra interrompe suas expedições e ele volta a compor temas orquestrais e corais, música de câmara e para piano, além do balé "O Príncipe de Madeira" e a ópera "O Castelo de Barba-Azul". Em 1940, durante a Segunda Guerra, é recebido e reconhecido na Suíça. Em Nova York, seus piores pesadelos ganham vida: "(...) a luta pelo pão de cada dia em qualquer terra estrangeira me causaria dificuldades terríveis e sofrimentos morais (...)." Compõe como nunca, mas sofre com o ostracismo e a penúria. Quando a guerra termina, não há mais tempo nem saúde para voltar: morre em Nova York, em setembro de 1945.

— mas abrangendo vários ao mesmo tempo. O que, de certa maneira, escapa um pouco a essa tradição mercadológica de dizer que um músico é especialista em um determinado compositor. Eu acho isso errado. Uma técnica de mercado, uma forma de se vender mais discos.

O maestro tem que ser aberto a todos os estilos — e ser fiel a cada um deles. O maestro tem que ser eclético. Ele tem que compreender que a linguagem de Mozart é diferente da linguagem de Tchaikovsky. Ele tem que saber quais são os elementos que diferenciam um compositor de outro. O maestro tem que conhecer os mecanismos de interpretação de um determinado compositor, que são completamente diversos de outro. Não se pode tocar uma sinfonia de Mozart, um compositor rococó do século XVIII, como se fosse um Brahms do século XIX. Mas ele tem que saber por que não pode interpretá-los de forma igual. Tem que saber o que diferencia um do outro. Acho que é isso que eu tenho tentado mostrar no meu curso. Essa abrangência, essa multiplicidade de estilos — e a maneira de abordá-los.

O gestual já é um capítulo à parte, que desenvolvemos durante as aulas práticas, fechados numa sala. Nessas aulas técnicas a gente aprende a conviver com um gestual próprio, inerente a cada personalidade. É evidente que eu procuro transmitir a minha experiência, mas ela, por si só, não basta para o estudante. Cada aluno quer encontrar a sua forma de expressão.

Um regente tem que começar pelo aprendizado teórico. Ele tem que saber perfeitamente solfejo. Solfejo significa você saber ler uma partitura musical como se estivesse lendo um jornal. Você lê as notas musicais dispostas numa partitura e desenvolve um som interior, fazendo com que aquilo que você lê tenha uma representação auditiva dentro de você. É o que nós chamamos de ouvido interior.

Não é fácil, em se tratando de compositores não só contemporâneos, mas também os chamados clássicos do século XX, como Stravinsky[143], Béla Bartók... É difícil lê-los, mas, ao pegar uma sinfonia de Beethoven ou de Mozart, você tem que saber rigorosamente ler a partitura e ao mesmo tempo ouvi-la dentro de você. Isso é fundamental. Para isso você tem que estabelecer um método de trabalho. Tem que saber solfejo.

Eu conheço muitos músicos que não conhecem solfejo. Esses são músicos pela metade. Não é possível viver da sua profissão sem um conhecimento íntimo dessa técnica. Ela é fundamental, é como o abecedário para qualquer um que se proponha a ser um escritor. É a mesma coisa. As proporções são exatamente as mesmas.

Em segundo lugar, em se tratando de um regente, você tem que compreender qual foi o processo que norteou um determinado compositor na elaboração de uma partitura. E isso começa com o estudo da forma, que são várias, sendo a principal delas a forma de sonata. Você tem que saber o que é forma de sonata, como é feita uma sinfonia, onde está o primeiro tema, o segundo

---

[143]"Temos um dever para com a música: inventá-la." O compositor russo Igor Fiodorovich Stravinsky (1882-1971) estava sempre surpreendendo o público. Ficou célebre quando, ao lado de Sergei Diaghilev e seus Balés Russos, estreou em Paris "O Pássaro de Fogo" (1908), "Petruchka" (1911) e "A Sagração da Primavera" (1913) — para uns, "a negação da música"; para outros, "a aurora de um novo tempo". A Grande Guerra e a Revolução Russa o exilam na Suíça e em Paris, onde trabalha como pianista, regente e compositor. Sempre "aberto à renovação do teatro musical, como do balé e do novo *jazz*", no início da Segunda Guerra foi para Hollywood, e morreu em Nova York mundialmente famoso. "As pessoas amam a música porque ela é capaz de despertar suas emoções (...) Ah! Se elas se dispusessem a aprender a amar a música por ela mesma (...) o prazer seria infinitamente maior..."

tema, a ponte, o desenvolvimento, a coda[144] ... Enfim, são várias nomenclaturas que definem uma forma, uma estrutura musical.

Em seguida, você tem que conhecer profundamente a história da música. Conhecer o contexto histórico em que um compositor está inserido para compreender e saber reproduzir melhor aquilo que ele sentia. Você não pode interpretar Beethoven como se estivesse interpretando Ravel. É impossível. Você tem que conhecer os dois. Em que circunstâncias eles trabalhavam, quais os principais acontecimentos da época que fizeram Beethoven escrever daquela maneira e Ravel de outra maneira completamente diversa.

Ou seja, história, forma, solfejo e técnica de regência. A técnica é muito importante porque ela estabelece a espacialização do movimento abstrato. O abstrato é a música, porque ela se processa na nossa cabeça; ela não tem uma representação gráfica, mas sim auditiva. Quem estabelece a representação gráfica da música é o maestro. Essa é a nossa importância e a nossa responsabilidade. O intérprete, através da execução, se propõe a tornar realidade o que está escrito na partitura, mas quem estabelece os contornos plásticos dessa execução é o maestro, por meio da consolidação de uma gestualidade compatível com a partitura musical.

TALENTO, TÉCNICA E DETERMINAÇÃO

Cada regente tem a sua forma de se exprimir. Eu demorei uns quatro ou cinco anos para chegar à conscientização de todos os

---

[144]Tema: idéia musical em que se baseia uma composição (ou parte dela); ponte: passagem entre o primeiro e o segundo tema; desenvolvimento: momento em que os temas musicais são desenvolvidos e ampliados; coda: última parte de um peça ou melodia.

meus movimentos. E hoje, à medida que o tempo passa e que vamos amadurecendo, vou me dando conta de que os gestos que eu fazia trinta anos atrás já não são mais necessários. Eu me desgastava demais. Não foi à toa que tive tantos problemas de coluna. Recentemente, inclusive, a pedido do professor Carlos Giesta, único médico a quem entrego a minha coluna, tive que me submeter a uma ressonância magnética — aquele exame em que você entra num túnel e não pode mover um músculo. Uma situação verdadeiramente claustrofóbica. Só consegui relaxar quando, tentando escapar daquele lugar sufocante, comecei a reger, mentalmente, a "Sinfonia Novo Mundo", de Antonín Dvorák.

O tempo e a experiência vão lapidando você, que aprende não só a codificar um determinado número de gestos que sejam objetivos e eficazes, mas a deixar de lado aqueles que são desnecessários, que só nos fazem gastar energia à toa e que não são produtivos em relação à orquestra.

Para quem entende de computador, a técnica de regência é o sistema operacional — seja Windows, seja Mac, seja DOS. O sistema operacional é o que faz tudo funcionar. Para o regente é um conjunto de parâmetros que define os seus movimentos, aquele que você vai escolher para realizar aquelas partituras.

Cada sistema operacional tem uma caixa de lixo, onde você joga fora tudo que não precisa. Todo regente tem a sua lixeira, e é nela que você despeja os gestos que não usa mais. De vez em quando você recolhe dessa caixa alguns movimentos que são efetivos num determinado momento. Você os restaura e depois torna a devolvê-los à caixa de lixo. Ou seja, você tem que criar o seu sistema operacional — e, para isso, você precisa de pelo menos uns quatro anos. Só para criar o tal sistema — sem contar, naturalmente, todo o estudo musical anterior.

Eu fiz tudo. Todos os cursos de música. Teoria Musical, História da Música, Harmonia e Contraponto... Estudei até composição, apesar de não ter o menor talento para compor. Mas eu estudei para saber como é que os compositores escrevem. Estudei Morfologia (o estudo da forma) e Técnica de Canto coral. Por tudo que falamos até agora, eu recomendaria a todos os estudantes de regência orquestral que fizessem pelo menos dois anos de regência coral. O coral estimula o sentido do fraseado, da respiração, do trabalho com a voz, que é o elemento mais primordial que ele tem à sua disposição.

Em todas as artes há necessidade de se estabelecer uma autodisciplina, que regula tudo o que se faz. Ela não apenas leva você a adquirir fôlego e resistência para exercer a sua profissão, como o leva a ter um embasamento intelectual que lhe permita exercê-la com dignidade.

A técnica você pode adquirir estudando — muito —, mas o talento é imponderável. É possível aprimorar o talento por meio do estudo, mas você criar condições para ter mais talento, isso não, é impossível. Por outro lado, um talento destituído de muito trabalho e perseverança acaba se extinguindo. Eu mesmo conheço muitos casos assim. Grandes talentos que se extinguiram por falta de embasamento e de trabalho.

Foi Beethoven quem disse que a criação era resultado de "1% de inspiração e 99% de transpiração". No caso dele, considero um pouco de exagero, mas faz sentido quando você lê os manuscritos deixados por ele. Todos os esboços que ele fez antes de finalmente chegar ao tema da "Quinta Sinfonia".

Não sei por que coincidência, mas as obras que me deram mais trabalho foram as nonas, sempre as nonas. A "Nona Sinfonia" de Mahler, a "Nona Sinfonia" de Beethoven... "A Sagração da Primavera", de Stravinsky, também foi muito trabalhosa... Como ópera, "Wozzeck", de Alban Berg. Mas a verdade é que tudo dá trabalho quando você se dispõe a fazer com seriedade. Tudo o que você se propõe a fazer com profundidade exige uma carga de trabalho singular.

Muitas pessoas, quando escolhem essa carreira, se vêem atraídas pelo aspecto mais hedonista, mais superficial, que rege a profissão de maestro. Elas se empolgam com os movimentos e com a possibilidade de comandar. Comandar gratuitamente, comandar por comandar, sem pensar um momento sequer no que pressupõe o comando e o que significa uma pessoa ser a responsável pela unificação de uma massa de mais de cem músicos.

Essas pessoas só vêem o lado exterior, a imagem que elas têm do maestro. Nunca perceberam que a profissão representa sacrifícios de ordem pessoal, anos e anos de estudos, que só vão terminar nas proximidades da morte. Na verdade, um regente jamais passa um dia sem ter contato com a partitura. É fundamental que ele esteja atualizado com o repertório novo e que, num repertório antigo, ele descubra coisas novas a partir do que já fez no passado. Tudo isso requer uma autodisciplina permanente e constante. A renúncia à vida pessoal.

A atividade de um músico que "comanda" um exército de cem músicos é diferente da atividade de um solista, que pode trabalhar quando quiser. O maestro tem um plano rigoroso de ensaios a obedecer, principalmente numa sociedade como a nossa, estruturada em termos de produtividade e exigüidade de tempo. O sistema em que nós trabalhamos hoje é ditado por leis inflexíveis do mercado de trabalho e pelas leis imutáveis dos sindicatos profissionais que regulam o comportamento dos músicos de uma orquestra. Essas estruturas sociais determinam o tempo do maestro e são quase castradoras. Um regente não pode ensaiar o tempo que ele gostaria de ter à sua disposição. O seu tempo de ensaio é determinado por essas leis rígidas, ditadas pelo mercado de trabalho e pelos sindicatos.

Em geral, nós temos dois ensaios por dia e um mínimo de tempo absolutamente indispensável para fazer um concerto sinfônico. Ou seja, há uma contradição entre aquilo que você quer e aquilo de que você dispõe. Então, quando um estudante se depara com a possibilidade de vir a se tornar um maestro, ele jamais pensa nisso. Jamais pensa na auto-renúncia. Ele só pensa no lado hedonista — que é bonito, mas não é o substancial, não é o que vai definir a verdadeira carreira e a vocação de um maestro. Um maestro é determinado, em primeiro lugar, por um estudo incessante e inflexível do seu instrumento, que é a orquestra sinfônica. Isso ele só pode fazer em casa, na solidão do seu estúdio, sem contato com ninguém, renunciando a quase tudo e aprendendo a conviver com a renúncia.

A mesma dificuldade com que um maestro se depara na hora de escolher sua profissão, de se identificar com ela, pode ser detectada entre o público e os críticos. Não há como reconhecer o talento de um regente observando apenas esse lado exterior. Por isso, a atividade do maestro é uma das que mais se prestam ao engodo. Basta alguém gesticular à sua frente, ter alguns gestos bonitos, uma postura clássica, sem nenhuma relação de significado ou de conteúdo emocional musical, que é capaz de impressionar não só o público como os próprios críticos. É comum julgar o maestro pela qualidade do gesto — o que significa um exame crítico profundamente errado, porque não é o gesto puramente gratuito que vai determinar o talento e a capacidade de um maestro.

O público olha e vê, mas raramente olha, vê e ouve, que é a coisa mais importante. Esse critério, por vezes, também atrapalha os críticos, principalmente aqueles que não dispõem dos instrumentos necessários para uma avaliação justa. Muitas vezes encontramos maestros — inclusive aqui no Brasil — que trabalham, são dirigentes efetivos de orquestras sinfônicas sem ter a mínima condição de exercer esse *métier*. São prestigiados por parte do público e por parte da crítica, o que é ainda pior. É uma profissão, portanto, que patrocina o engodo; que patrocina uma falsa avaliação dos méritos que cercam um artista.

Como o nosso instrumento é a orquestra — e, dependendo da qualidade da orquestra, ela pode soar melhor ou pior —, o que prevalece, o único elemento referencial que se tem, é o gesto. E é esse gesto que é passível de discussões, porque ele, por si só, não representa nada. Se não estiver imbuído de uma carga emocional e profundamente musical que plasme a orquestra e consiga elevá-la a planos de realização musical superiores, o movimento não significa nada.

É necessário que isso fique bem claro — principalmente quando a gente tem a oportunidade de fazer um livro como este, dedicado à nossa profissão. Essa parte conceitual é da maior importância. Se você abrir os olhos, limpar os seus ouvidos e circular um pouco pelo nosso ambiente musical — e não só brasileiro, mas também internacional —, vai perceber que é uma atividade permeada de pessoas não-qualificadas. E, a meu ver, essa é a coisa mais perversa que existe na nossa profissão.

Sempre que eu venho ao Brasil e me deparo com regentes não-qualificados em cargos importantes, eu sinto uma profunda tristeza. Claro que eles não têm culpa de terem sido alçados a esses postos; a responsabilidade não é deles, mas sim do ambiente que os circunda, que não está preparado para exercer uma influência sobre a seleção de pessoas capacitadas para assumir cargos importantes.

Nas outras profissões, o talento é uma coisa mais ou menos evidente. Ao ouvir um cantor no palco, você tem o elemento referencial, que é a voz. Se um violinista erra uma corda durante um concerto, você sente isso claramente. Quando um pianista toca a nota errada, você também sente. Mas quando um maestro erra, é muito difícil julgar. Você só pode julgá-lo pela aferição do resultado musical, e esse resultado por vezes está diretamente irmanado à qualidade da orquestra.

Imagine um maestro ruim regendo a Filarmônica de Berlim... A orquestra sempre soará bem, porque é a Filarmônica de Berlim. Mas falta aquele algo mais que diz respeito à interpretação, à condução emocional da partitura, que só um regente qualificado é capaz de fazer. A orquestra vai soar bem, mas faltará a ela o elemento indispensável para que aquela execução se transforme numa interpretação. Execução é uma coisa, pura e simplesmente. Interpretar é outra, totalmente diferente.

Interpretar uma partitura musical significa impregná-la de um conteúdo emocional e uma visão intelectual que só poderá ser realizada por intermédio de um regente talentoso profundamente imbuído da sua condição de maestro. Sem essas condições, o gesto em si, gratuito, destituído de emoção e de conteúdo emocional, ainda que bonito, não significa nada.

TECNOLOGIA: PERFEIÇÃO E FRIEZA

A tecnologia avançou muito pouco no que diz respeito à nossa profissão. É verdade que as gravações, a acústica das salas, evoluíram muito. A computação também, mas a um nível muito setorial. Ela não abrangeu a música clássica. Vamos falar de cada uma delas.

Eu sempre considerei a gravação um elemento referencial. Ela nunca será capaz de substituir a plenitude e a grandeza de uma sala de concertos, ainda que na gravação existam recursos tecnológicos que possam criar uma partitura absolutamente perfeita em termos de uniformidade, quantidade de harmônicos, palheta orquestral... Uma gravação pode reproduzir tudo isso — talvez até com resultado melhor do que uma sala de concertos. Mas eu prefiro a imperfeição da sala de concertos, que transmite o elemento humano e passível de erro, a uma gravação que seja tecnicamente perfeita, mas que não me traz nenhum arrepio.

Quando eu ouço um disco, eu sei como é feita a gravação. Mesmo aqueles gravados em concertos ao vivo são sempre passíveis de alterações técnicas que provêm da tecnologia própria de um estúdio. Pode-se corrigir erros, diminuir a intensidade dos harmônicos, criar um ambiente de reverberação... Enfim, graças aos avanços tecnológicos, é possível criar tudo.

Você mesma pode tirar os chiados de um LP antigo de 78 rotações com o auxílio de um computador. Tudo aquilo que você faz com a imagem — transformar pessoas, corrigir traços e até inventar gente que não existe — você pode fazer com o som. Por isso, nada, nada, absolutamente nada consegue criar a mesma dimensão sonora obtida por uma acústica e uma orquestra ao vivo. É no palco que você aprende a conviver com os erros que eventualmente possam surgir numa interpretação. Eu prefiro os erros à rigidez fria e asséptica dos discos.

A acústica, hoje, é resultado de uma combinação de experiências baseadas em relações aritméticas que provém das antigas salas de concertos. Se você for ainda mais longe, vai descobrir que ela tem origem nos templos gregos, que criavam uma uniformidade ao ar livre sem o auxílio de alto-falantes e microfones.

Quando estive na Grécia, há dois anos, fiz algumas experiências nos templos e anfiteatros, e fiquei maravilhado. Eu me afastava praticamente uns oitocentos metros e pedia à minha filha Lucinha, que estava lá conosco, que falasse alguma coisa. Ela falava e eu ouvia como se ela estivesse a um metro de distância. Uma coisa impressionante. Como é que os antigos conseguiram criar, em espaços abertos, a mesma intimidade das salas de concertos? Esse segredo permanece ainda insondável.

O anfiteatro grego foi praticamente criado para apresentar espetáculos teatrais, as clássicas tragédias e comédias gregas. Por isso era fundamental que o ouvinte sentado a metros e metros de distância tivesse a mesma capacidade auditiva que um espectador colocado em frente ao palco. Esses templos ainda hoje ostentam os mesmos princípios acústicos de séculos e séculos atrás. Tanto que ainda hoje eles fazem concertos por lá.

O que nós fazemos nos teatros de hoje é tentar nos aproximar daquele plano acústico. Estabelecer o mesmo equilíbrio, as mesmas proporções dos antigos templos ao ar livre. São as relações matemáticas mais perfeitas que existem. Algumas salas conseguiram se aproximar dessa dimensão, combinando elementos reverberativos, como a madeira, utilizando parcimoniosamente elementos absorventes, como o veludo das poltronas... Tudo tem influência sobre a qualidade do som. Mas são bem poucas aquelas que chegaram perto da perfeição acústica dos teatros gregos, que ninguém ainda conseguiu explicar: o Concertgebouw, de Amsterdã; o Musikveren, de Viena; o Teatro La Fenice, em Veneza, antes de pegar fogo; o Carnegie Hall, em Nova York... E paro por aí.

NO MUNDO DOS CHIPS

A informática, para mim, tem um significado também lúdico. Lá na Europa, quando excessivamente cansado, vou ao computador e descubro programas interessantes. Um deles calcula os recursos e trajetos de um automóvel. Mas muito poucos softwares falam diretamente sobre música.

Talvez um dos mais importantes seja um programa musical chamado Sibelius. Com ele, é possível criar uma partitura — desde que você tenha um teclado acoplado ao computador. Ele permite que você ouça aquilo que você escreve, e faz com que você copie com rapidez aquilo que você escreveu. Mas não se aplica à música clássica. Serve mais para quem trabalha com música popular, que precisa fazer arranjos com velocidade, imprimi-los e levá-los diretamente ao estúdio de gravação. Daí a praticidade desses programas. Para a música clássica existe um material praticamente imutável, que é aquele que você obtém de editoras que alugam seus serviços. Você não tem necessidade de computador, a não ser para estabelecer cópias mais precisas.

De qualquer maneira, o computador é hoje um elemento de trabalho. No meu caso, ele é indispensável. Eu carrego o meu para qualquer lugar. Quando estou num quarto de hotel em Garda, por exemplo, o computador é o meu instrumento de trabalho. Envio fax, *e-mails*, leio a minha correspondência, trabalho em cima de textos... Enfim, me comunico com o mundo lá fora. Talvez o computador seja mais importante para os profissionais que lidam com as artes gráficas, mas hoje em dia eu não poderia abrir mão dele.

A minha planilha de trabalho é feita no programa Excel, em que eu faço projeções e registro a quantidade de músicos que eu tenho à minha disposição. Para o meu próximo trabalho em Nantes, eu já fiz uma projeção do número de músicos até o ano 2006. Ou seja, existem programas que são não apenas fundamentais para nós, maestros, como para qualquer outro profissional que se preocupe também com o lado técnico.

FRANÇA, 2004

Eu sinto falta do Brasil. Mas, para minha sorte, até hoje os meus períodos de permanência lá fora foram sempre entremeados com vindas ao Brasil. Voltar para cá é como recarregar as minhas baterias afetivas, mas ir à Europa significa recarregá-las no sentido profissional. Esse exato equilíbrio entre a minha permanência aqui e lá fora é que me dá a possibilidade de continuar mantendo a minha carreira em dois continentes.

A ONPL — Orchestre National des Pays de Loire — será a minha nova orquestra, que eu vou assumir a partir de janeiro de 2004, junto com as Óperas de Nantes e Angers. Depois de ter permanecido como regente titular do Teatro La Fenice de 1995 até dezembro de 2001, decidimos que seria muito menos estressante trabalhar apenas como regente convidado. Mas um desses convites me levou novamente a Nantes e, para minha surpresa, após essa nova apresentação a orquestra fez um abaixo-assinado pedindo a minha permanência como maestro titular e diretor musical. Em julho de 2002 fui oficialmente convidado por François Fillon, Ministro do Trabalho do Presidente Jacques Chirac, para assumir esses dois cargos. Um contrato irrecusável.

E cá estamos nós, Maria Helena e eu, nos preparando para mudar novamente — desta vez, da Itália para a França. Enquanto esse dia não chega, temos procurado aproveitar bem essa fase de interregno, que compreende esse tempo entre o fim do contrato com o La Fenice e o início de uma nova fase, que começa, oficialmente, daqui a dois anos.

Eu estou saboreando esse período como uma criança deslumbrada diante da possibilidade de desfrutar um pouco mais o seu tempo livre. Está sendo um momento de ouro esse, que nós já não vivíamos há tantos anos. Revendo tudo que deixamos para trás, tudo a que renunciamos após tantos anos de permanência na Europa. Essa possibilidade de estarmos de novo em casa, aproveitando cada minuto da nossa permanência aqui, reencontrando os meus bichos, os meus pássaros, reformando a minha lancha como se a estivesse construindo outra vez. A única diferença é que, da primeira vez, quando eu a construí, Maria Helena participou desse processo, mas agora ela parece ter se esquecido completamente da lancha. E eu sinto falta da presença dela, porque nós construímos aquela lancha como se estivéssemos construindo uma casa. A lancha representa para mim um reencontro com essa fase de lazer que eu havia praticamente esquecido.

Esse momento é também importante para me relacionar outra vez com a minha família, principalmente com a minha filha Tetê, de quem vivemos tão longe. Essa fase de reaproximação com ela tem sido da maior importância. Como é importante recarregar as minhas energias e reafirmar uma condição de brasileiro, da qual eu fui obrigado a me distanciar por razões absolutamente profissionais.

Nantes, meu próximo pouso, é uma região maravilhosa, que eu ainda conheço muito superficialmente. Não posso descrever a cidade com a mesma desenvoltura com que descrevi Viena e Veneza. Portanto, vamos deixar para uma outra vez. Quem sabe no próximo livro?

PARTE 2
QUESTÃO DE ÉTICA

CLÁSSICO E PASSIONAL

Ele entrou no palco cambaleando, com as mãos no rosto, ao lado da sua empresária brasileira, que gritava em alto e bom som para todo o público presente ao Teatro Municipal:

— O maestro Szifra foi barbaramente agredido pelo diretor musical da Sinfônica Brasileira, Isaac Karabtchevsky!

Aí foi aquela confusão. Uma parte da platéia aplaudiu, uma parte vaiou. Eu não sei se estavam vaiando o Szifra ou se estavam vaiando a mim; não sei se me aplaudiam ou aplaudiam o Szifra. A reação da platéia, naquele momento, até hoje é um mistério para mim. Mas, vaia ou aplauso, foi realmente um acontecimento inusitado e, sob o ponto de vista ético, não foi ético nem da parte dele ter se comportado daquela maneira, nem da minha parte ter agredido um artista convidado.

Estamos na década de 70, e eu, já titular da Sinfônica Brasileira, convidei um grande pianista húngaro, George Szifra, para dar um concerto no Brasil. Como seu acompanhador ele trouxe o filho, um regente medíocre, que desde o primeiro ensaio começara a criar problemas com a orquestra.

Naquela época, uma lei determinava a obrigatoriedade de se tocar música brasileira erudita em cada programa. Nós seguíamos fielmente esse princípio, não só porque era uma obrigação, mas também porque fazia parte da política da Sinfônica Brasileira divulgar compositores nacionais. Não com a intensidade que gostaríamos, é verdade, mas de qualquer modo o importante era divulgá-los.

Todos os regentes internacionais convidados se condicionavam a essa determinação. Entretanto, apesar de termos enviado uma partitura ao Szifra filho com um ano de antecedência, ele chegou aqui completamente despreparado. Durante o ensaio, criou uma série de obstáculos, ofendeu vários dos nossos músicos e se recusou a dirigir a partitura brasileira, que ele sequer tinha estudado. Não lembro qual era, mas ele tinha obrigação de conhecê-la. Não era uma obra transcendental, era uma obra simples.

Tudo isso me foi relatado pelo telefone, já que, naquele dia, eu estava em casa, com febre. Liguei imediatamente para ele e me inteirei da sua posição, que era inarredável: ele não queria reger música brasileira. Eu disse que não havia o menor problema. "Eu vou, dirijo a primeira parte do programa e você faz o resto do concerto." E assim concordamos.

Fui até o teatro, ensaiei rapidamente a orquestra e, durante a apresentação, regi a peça brasileira. Terminada a minha parte, antes que ele voltasse ao palco para acompanhar o pai em um "Concerto para Piano e Orquestra", se não me engano de Grieg[145], voltei para o meu lugar no Teatro Municipal. Qual não foi a minha surpresa quando ele, antes da entrada do George, se volta para o público e diz assim:

— O instrumento piano que vocês terão oportunidade de ouvir hoje está desafinado. Eu atribuo a responsabilidade desse fato ao diretor musical da Sinfônica Brasileira.

O teatro estava cheio: ele falou aquilo para as 2.400 pessoas do Municipal. Eu achei tudo muito estranho, sobretudo porque ele até então jamais havia feito menção àquele fato.

---

[145] "Mestres como Bach e Beethoven ergueram igrejas e templos nas alturas; eu quero construir, nos vales, moradias para os seres humanos, onde eles se sintam protegidos e felizes", declarou Edvard Hagerup Grieg (1843-1907), compositor e pianista norueguês, sobre a essência de sua criação. Em parceria com seu conterrâneo, o dramaturgo Henrik Ibsen, escreveu "Peer Gynt", que, a partir de sua estréia em fevereiro de 1876, tornou-se um marco literário e musical.

Além do mais, não é responsabilidade da Sinfônica Brasileira oferecer um piano em perfeitas condições. Isso depende de vários fatores. O piano não era nosso, era do Teatro Municipal, mas nós pagávamos um afinador. Se ele não tinha se desincumbido bem de suas tarefas era um fato que extrapolava as nossas funções. Ainda assim, embora fôssemos uma instituição pobre, tentávamos oferecer os melhores instrumentos aos nossos artistas. Aquele piano, mesmo emprestado, era um Steinway, no qual grandes pianistas tocavam, inclusive Claudio Arrau.

Eu ouvi aquilo da frisa onde eu estava com Maria Helena e Eugênio e Violeta Gudin. E fiquei realmente indignado, pois achei aquilo uma coisa profundamente humilhante. Muito mais que humilhante. Fiquei furioso, o sangue me subiu à cabeça. Saí da frisa, dizendo que ia ao banheiro, e fui direto para a coxia do teatro. Esperei que ele regesse uma abertura e, assim que ele deixou o palco, eu lhe dei dois tabefes na cara. Ele ficou lá, estendido no chão, com as mãos na cabeça. Voltei para o meu lugar e fiquei esperando. E logo depois ele entrou, meio trôpego, acompanhado pela sua empresária brasileira, a Maria Abreu, que fez aquele discurso para o público.

Eu me penitencio porque sei que hoje, tantos anos depois, a minha reação teria sido completamente diferente. Eu não teria dado a mesma atenção; teria simplesmente ignorado. Ainda mais que, depois, teria oportunidade de corrigir o meu erro, nunca mais o convidando para reger a minha orquestra.

Na verdade, se você pensar bem, a minha reação, mais do que antiética, como a dele, foi absolutamente passional. Inclusive porque sabia que ele, durante um dos ensaios, agredindo um dos músicos, se referira de forma desabonadora ao Brasil, dizendo que "este é um país de porcos". Como eu poderia me conter? Eu estava defendendo não só a orquestra, mas a honra dos meus músicos e do meu país — e o piano do Teatro Municipal. Só que, na hora, isso nem me passou pela cabeça. Eu reagi quase que de maneira instintiva no momento em que ele, gratuitamente, diante daquelas 2.400 pessoas, me fez uma acusação completamente injusta.

UM CHÁ COM NUREYEV

Segundo o *Novo Dicionário Aurélio*, ética é o "estudo dos juízos de apreciação referentes à conduta humana suscetível de qualificação do ponto de vista do bem e do mal, seja relativamente a determinada sociedade, seja de modo absoluto".

Partindo desses conceitos, que podem ter mil significados, podemos concluir que não seria possível desenvolver qualquer atividade profissional sem a observância rigorosa de alguns valores essenciais, básicos, que nos fazem exercer plena e dignamente a nossa profissão, sem problemas de consciência, sem fazer nenhuma espécie de concessão.

Esses princípios são muito amplos e, em relação à atividade de um maestro, se verificam nos menores detalhes: desde a sua conduta em relação à orquestra e à direção administrativa dessa orquestra até, num âmbito maior, na sua conduta em relação à comunidade e ao repertório escolhido. Esses valores vão ainda mais além, ultrapassando a atividade do regente, sem no entanto deixar de ligar-se a ela, pois dizem respeito ao seu comportamento como ser humano.

Pensando no que foi a minha carreira até hoje, posso afirmar que por diversas vezes me defrontei com problemas éticos de conduta. Eu me lembro particularmente de um outro incidente bastante desagradável vivido com o famoso bailarino russo Rudolf Nureyev, já falecido. Um mito da dança, aclamado por multidões, reconhecido não só como bailarino, mas também como coreógrafo de calibre internacional. Quanto a isso, não se discute. Não estamos aqui pondo em xeque o talento do artista Nureyev, que é incontestável.

Tudo se passou na mesma década de 70, quando eu comandava o programa "A Grande Noite", na TV Tupi, que exibiria uma única apresentação do bailarino diretamente do palco do Teatro Municipal. Uma das peças selecionadas, e de difícil execução, era uma obra de Stravinsky, criada especialmente para balé e executada pelas cordas da Sinfônica Brasileira, regida por mim do fosso da orquestra.

Como em todo programa de televisão, o tempo de ensaio era muito restrito. Não só com a orquestra, mas com o próprio solista, que estava de passagem pelo Rio de Janeiro, indo para uma turnê em Buenos Aires. Como ele veio só para fazer esse concerto, sua disponibilidade era quase nenhuma: tivemos apenas duas horas de ensaio com ele. Antes do espetáculo. Um tempo muito exíguo, inferior ao exigido para uma orquestra e um bailarino da dimensão de Nureyev. Um espetáculo dessa natureza exigiria no mínimo uma semana de ensaio. Tudo isso criou, evidentemente, uma certa tensão.

Uma das minhas preocupações, ao aceitar o chá que Nureyev me ofereceu em seu camarim, era conversar com ele para fixar exatamente os andamentos daquela obra tão difícil de Stravinsky. Entretanto, o seu comportamento e as coisas que me foram ditas durante o chá, de âmbito estritamente pessoal, me deram a dimensão de um homem que não era absolutamente aquele que eu imaginava. Eu saí meio revoltado do camarim, mas procurei não dar muita atenção, já que estava mais preocupado com o espetáculo.

Ao longo do ensaio, segui rigorosamente o andamento da partitura, mas observei que Nureyev dava sinais de cansaço. Como maestro, era meu dever orientar não só a orquestra, mas também o solista. Perguntei-lhe então se ele não preferia um andamento um pouco mais lento. Ele foi direto e incisivo: "Não, é assim que eu danço."

Durante a apresentação, aconteceu aquilo que ninguém esperava. Nureyev simplesmente parou de dançar no meio do balé de Stravinsky, pôs as mãos na cintura e ficou olhando para mim. Eu parei a orquestra e fiquei olhando para ele. E foi aquele constrangimento geral no Teatro Municipal. Ninguém entendia nada, ninguém entendeu nada — muito menos eu, que jamais perguntei ao Nureyev por que ele tinha parado. Mas, de qualquer maneira, aquilo me pareceu profundamente desrespeitoso. Parar um espetáculo no meio, como um tipo de crítica ostensiva de um artista para outro, me pareceu uma conduta antiética e absolutamente não-profissional — mesmo partindo de um gênio como Nureyev.

Esse foi um dos muitos incidentes realmente determinantes na minha carreira, no sentido de que me deram a exata perspectiva de como deve ser o comportamento de um artista no palco. Aquele, evidentemente, não era o tipo de conduta que se espera de um grande artista.

Já me perguntaram, por exemplo, como reage um maestro quando um dos seus músicos comete um erro durante um concerto ao vivo. Isso já me aconteceu. Lembro-me de um pianista — um grande pianista, por sinal — que pulou diversos compassos de uma peça instrumental. Não tive dúvida. Imediatamente orientei a orquestra para que ela saltasse aquela parte e fosse à frente, junto com ele. Ou seja, quando um músico erra, erramos todos juntos — o que não foi, absolutamente, o problema com Nureyev, já que nós, apesar de o termos alertado, seguimos rigorosamente o andamento pedido por ele.

A CRÍTICA E O ARTISTA

Ao longo da luta travada em prol da sobrevivência da Orquestra Sinfônica Brasileira, tivemos oportunidade de nos defrontar novamente com questões de natureza ética. Na ocasião, uma das idéias que nos ocorreu foi mobilizar os grandes nomes da música popular brasileira para, num movimento conjunto, amealhar fundos que pudessem pagar o salário dos músicos. Um dos primeiros concertos programados seria aquele do Chico Buarque acompanhado pela Sinfônica. A sua apresentação foi realmente muito bonita. Era a primeira vez que ele cantava com uma grande orquestra. Era a primeira vez que ele se apresentava no palco do Teatro Municipal. Era a primeira vez que eu o regia cantando as suas composições. No mesmo programa, um concerto de Chopin e uma peça do Francisco Mignone, interpretados pelo pianista Arnaldo Estrella.

O público, evidentemente, compareceu em massa. Não apenas os nossos assinantes — alguns dos quais não estavam entendendo nada daquilo —, mas principalmente os jovens. Quer dizer, o nosso objetivo — trazer ao Teatro Municipal um público até então não acostumado a freqüentar a platéia daquele teatro — foi atingido plenamente.

Evidentemente, a reação do setor mais tradicional da música clássica foi imediata. Lembro de uma primeira página do jornal

O Globo fazendo uma espécie de campanha organizada pelo crítico do jornal, o colombiano Antonio Hernandez, já falecido, que conseguiu mobilizar quase toda a classe musical. Um dos motes dessa época, como eu já disse, era a adaptação de uma música folclórica brasileira feita pelo Marlos Nobre: "Karabichê tá doente / Tá com a cabeça quebrada / Karabichê precisava / É de uma boa lambada."

Por aí você vê a que nível desceu essa campanha — uma abordagem completamente passional, que mobilizou os setores mais tradicionais, eu diria até mais inflexíveis do nosso público e da classe musical, que não admitiam esse tipo de *mescolanza* da música erudita com a popular.

Eu achava tudo aquilo uma grande bobagem, porque o que estava sendo questionado não era propriamente a fusão dos dois estilos, mas sim a própria sobrevivência da orquestra. Todos os mecanismos que pudessem atrair um público novo para a Sinfônica Brasileira eram válidos. Mesmo porque eu nunca fui um opositor radical da reunião da música popular com a música clássica. Eu sempre achei que, eventualmente, seria válido fazer alguns concertos especiais que reunissem os dois estilos — exatamente como se faz em vários lugares do mundo. Este foi o nosso propósito, o nosso intuito.

Por isso, não entendi a reação do Antonio Hernandez quando nos encontramos na rua, eu, ele e Jacques Klein.

— Hernandez, achei essa sua campanha totalmente fora de propósito — tentei argumentar com ele. — Ela foi calcada em princípios e vícios de formação. Você não chegou a captar aquilo que era o essencial: o resgate da nossa orquestra como uma instituição.

— Como não? — reagiu ele, convicto dos seus argumentos. — Isso é uma atitude contra o templo sagrado da música, o Teatro Municipal. Cada macaco no seu galho!

Ainda tentei explicar meu ponto de vista:

— Não acho que o Teatro Municipal deva ser colocado sob uma redoma de vidro, inatingível pelo público. Além do mais, a nossa luta pela sobrevivência de uma orquestra é muito mais importante do que esse seu preconceito. Você preferiria que a Sinfônica naufragasse, desaparecesse, e não fizesse esse tipo de concerto?

— Preferiria.

Diante daquela resposta, eu só consegui dizer:

— Bem se vê que você não é brasileiro...

— Eu sou mais brasileiro que você, que é judeu!

Aí eu não tive dúvida: dei dois tabefes na cara dele, que saiu correndo. E, a partir daí, eu, Isaac Karabtchevksy, descrito em seus comentários como um dos regentes mais talentosos que o Brasil já teve, passei a ser a escória dos maestros. Até a sua morte, vinte anos depois, essa posição o acompanhou. Depois de ter me ofendido gravemente, ele me perseguiu durante duas décadas — o que eu considero uma atitude profundamente antiética.

Eu tinha trinta e poucos anos de idade, no máximo quarenta. Mas, de qualquer maneira, ainda era bem esquentado para essas coisas. O Jacques, do meu lado, ainda tentou me conter, mas eu fui mais rápido que ele. Acredito que o fato de o Hernandez ter me chamado de judeu de uma forma tão pejorativa de uma certa maneira me transportou àqueles anos que precederam a Segunda Guerra Mundial. Foi como se o Rio de Janeiro de repente tivesse virado Berlim e o senhor Antonio Hernandez, em vez de crítico musical, fosse um nazista inflexível das hordas de Hitler.

RESPONSABILIDADE COMUNITÁRIA

Um dos aspectos éticos que norteiam a nossa profissão diz respeito ao nosso repertório. A posição do maestro diante da comunidade é a de um formador de opinião. Exatamente como um jornalista, um ator, um político, enfim, como todas as pessoas que exercem uma certa influência na sociedade, nós, maestros, temos uma responsabilidade comunitária.

No entanto, poucas pessoas se dão conta da importância que tem a opinião de um líder em relação à sua comunidade. Sobre a figura carismática do líder se apóia a opinião de milhares de pessoas. No caso de um político, milhões de pessoas. Então, o artista tem que transmitir um espírito de seriedade, de responsabilidade, não só a partir da sua conduta profissional, mas também pessoal. O público não vai entender um artista que se promiscui sexual, afetiva, profissional e politicamente. Você espera do seu ídolo que ele tenha um comportamento no qual você possa se espelhar. Isso é uma coisa intuitiva, natural, e tem sido sempre assim.

A responsabilidade do maestro ainda é maior do que a de um criador, porque ele tem atrás de si toda uma comunidade que está diretamente subordinada a ele. Eu estou me referindo à grande comunidade dos músicos. São 120 pessoas trabalhando com você diariamente. Todas querendo saber como você pensa, como você se comporta, como você reage. Eles querem saber de tudo. Em alguns casos, até com quem você vai para a cama. Então, manter uma atitude ética perante a comunidade é da maior importância também para o exercício da sua profissão, porque ela depende basicamente de uma formulação de respeito mútuo. Se você quer ter o respeito dos seus músicos, você tem que respeitá-los. Eles não podem respeitar uma pessoa que é psicologicamente fragmentada.

Isso inclui desde o comportamento pessoal até a seleção do repertório e a escolha de artistas. Tudo isso está diretamente relacionado. É um problema unitário, indivisível. Um maestro pode achar que a sua missão é a de encher o Teatro Municipal e, nesse caso, optar por um repertório que não estimule a evolução do público, não se preocupe com os problemas inerentes à orquestra e não incentive o seu crescimento. Ele pode se limitar a um repertório barato, de esquina, desses que fazem parte de um CD que você compra em qualquer banca de jornal.

Essa trajetória pode ser justificável quando você não tem público, mas não é essa, eticamente falando, a função de um maestro. Ele tem que apresentar obras que possam instigar o público culturalmente, enriquecê-lo, proporcionar valores que o obriguem a pensar. Imagine um programador de uma sala de cinema limitando-se a divulgar chanchadas. Não é esse o propósito do cinema. Como uma arte de elaboração intelectual, o cinema também se propõe a exibir filmes que provoquem o público, que o obriguem a pensar. O maestro tem essa mesma função.

QUALIDADE, O MELHOR CRITÉRIO

Existem muitos regentes que constroem ou buscam construir suas carreiras única e exclusivamente em função da troca, baseados em favores pessoais. E o que é a troca? Ao convidar um artista de fora, exigir que ele o convide para a posição que ele ocupa no exterior. Eu estou tocando agora em um dos pontos mais sensíveis da minha profissão, que exige uma atenção maior naquilo que se refere ao comportamento ético.

Não é que eu tenha nada contra a troca, veja bem, porque ela indiretamente está presente nos circuitos grande, médio e pequeno da música internacional. Alguns maestros são parte da programação das grandes orquestras. E quando um deles é convidado, ele automaticamente retribui o convite, para que aquele que o convidou dirija a sua orquestra. Quando são grandes orquestras, isso se faz num sentido amplo.

Contudo, quando você tem uma boa orquestra e convida um maestro não-qualificado para dirigi-la, apenas para que, no pressuposto da troca, você possa reger a orquestra dele, está criando um precedente grave. Além disso, está cometendo uma afronta ao seu público e à sua orquestra em primeiro lugar, uma vez que está se prevalecendo da sua posição para se beneficiar pessoalmente. O critério da qualidade — independentemente dos benefícios que possam advir de um ou de outro convite — é absolutamente prioritário e fundamental. Isso vale tanto para a escolha do artista quanto para a seleção do grande repertório.

O repertório é um ponto sobre o qual se baseia toda uma filosofia conceitual que representa o trabalho do maestro perante a sua comunidade. Ele implica uma posição intelectual. Demonstra a preocupação que tem o regente de estimular o lado criativo do seu público.

Se você organiza, por exemplo, um festival Gustav Mahler e Alban Berg, você justapõe os dois compositores. Ao executar uma sinfonia de Mahler, você executa uma pequena obra de Berg. Ou, ao executar uma grande obra de Berg, você interpreta uma pequena obra de Mahler. É um ciclo que se processa do princípio ao fim da estação. Ao propor essa justaposição — compositor romântico, compositor contemporâneo — você está obrigando o público a pensar. Você impõe uma posição intelectual. Você parte do pressuposto de que na linguagem romântica de Mahler existem os alicerces e os componentes da linguagem contemporânea de Berg. Na execução equilibrada dessas peças, você mostra ao seu público os pontos de comunicação que existem entre elas.

Eu poderia justapor, digamos, um Stravinsky neoclássico e um compositor do século XVIII. Neoclássico é o compositor moderno que vai buscar no passado elementos para a sua escrita — daí o nome neoclássico. São caminhos que aparentam uma bifurcação, mas na realidade se completam, porque são parte de uma mesma estrada. Isso eu chamo de política de repertório e de ética na programação. Quando o maestro não se compraz apenas em apresentar obras escolhidas indistintamente; ele tem uma filosofia, e se propõe a manter uma programação de conteúdo.

A RELAÇÃO COM A ORQUESTRA

Eu sempre procurei nortear o meu trabalho por um diálogo permanente com uma comissão de músicos eleita pelos próprios membros da orquestra. Essa comissão é um elemento muito positivo e válido, que, além de representar a opinião da totalidade dos músicos, está apta a colaborar com o maestro até mesmo na administração da orquestra.

Em vez de fazer uma assembléia-geral sempre que for preciso resolver um problema — quase sempre muito tumultuada —, você recolhe a opinião sintetizada de todos por intermédio dessa comissão, buscando uma solução comum, que possa ir ao encontro dos anseios de toda a coletividade musical.

Eu sempre procurei trabalhar com uma comissão de músicos. Tanto que uma das minhas primeiras prioridades ao chegar a Veneza foi a de lançar essa comissão. Lá não existe esse hábito de se eleger um grupo capaz de tratar de problemas específicos de natureza artística. Lá existem os sindicatos. Ora, nem sempre os sindicatos são formados pelos elementos mais representativos da orquestra. Além do mais, como o próprio nome diz, costumam ser orientados para assuntos de natureza sindical. Eles não têm sensibilidade para compreender um problema de natureza essencialmente artística.

Por essa razão, assim que cheguei a Veneza exigi uma comissão formada por quatro ou cinco elementos eleitos pela própria orquestra, que me trouxessem problemas de natureza musical: músicos que chegam atrasados, músicos que estão tocando mal, desafinando, ou um naipe que não esteja se dando bem... Em suma, problemas íntimos que são exclusivos da natureza do músico, que dizem respeito à sua atividade normal, diária, cotidiana, e nada têm a ver com questões sindicais, do tipo quanto é que eu vou ganhar aqui e ali, o número de horas de trabalho, nada disso.

Essa comissão foi eleita e era muito importante para mim. Trabalhamos juntos durante um ano na maior harmonia. Depois disso, infelizmente, os próprios sindicatos se encarregaram de liquidá-la, achando que ela estabelecia um poder paralelo. Essa foi uma das primeiras desilusões que eu tive com o sistema sindical italiano. O fato de eles não terem conseguido compreender que problemas de natureza artística têm um peso e os de natureza sindical, outro. Ambos são importantes, mas têm que ser realizados por pessoas diferentes.

No Brasil, eu sempre trabalhei com uma comissão de músicos. Na França, onde estarei trabalhando à frente de uma orquestra e de duas casas de ópera, já existe essa comissão, com a qual estarei trabalhando junto e permanentemente. Essa é uma prática normal, que faz parte da ética interna de uma orquestra. Eu nunca me furtei a dialogar. Dialogar ajuda, facilita. O caminho pode ser mais longo, mas certamente é mais enriquecedor.

BIBLIOGRAFIA

BOJUNGA, Cláudio. *JK – O artista do impossível*. Rio de Janeiro: Objetiva, 2001.

CABRAL, Sérgio. *Antonio Carlos Jobim – Uma biografia*. Rio de Janeiro: Lumiar, 1997.

COLEÇÃO MESTRES DA MÚSICA. São Paulo: Moderna.

HORTA, Luiz Paulo. *Dicionário de música Zahar*. Rio de Janeiro: Guanabara Koogan, 1985.

DOURADO, Henrique Autran. *Pequena estória da música*. Rio de Janeiro: Irmãos Vitale, 1999.

ENCICLOPÉDIA LAROUSSE CULTURAL. São Paulo: Nova Cultural, 1998.

FAOUR, Rodrigo. *Bastidores – Cauby Peixoto: 50 anos da voz e do mito*. Rio de Janeiro: Record, 2001.

GONZAGA, Alice. *Palácios e poeiras*. Rio de Janeiro: Record e Funarte, 1996.

HAREWOOD, Conde de. *Kobbé: o livro completo da ópera*. Rio de Janeiro: Jorge Zahar, 1997.

HUISMAN, Denis. *Dicionário dos filósofos*. São Paulo: Martins Fontes, 2001.

LEBRECHT, Norman. *O mito do maestro: grandes regentes em busca do poder*. Rio de Janeiro: Civilização Brasileira, 2002.

NOVA ENCICLOPÉDIA ILUSTRADA FOLHA. São Paulo: Publifolha, 1996.

PAHLEN, Kurt. *Nova história universal da música*. São Paulo: Melhoramentos, 1991.

SADIE, Stanley. *Dicionário Grove de música*. Rio de Janeiro: Jorge Zahar, 1994.

SANDRONI, Paulo Henrique. *Novíssimo dicionário de economia*. Rio de Janeiro: Best Seller, 1999.

INSTITUIÇÕES DE ENSINO
(HABILITAÇÃO EM REGÊNCIA)

CONSERVATÓRIO BRASILEIRO DE MÚSICA – CENTRO UNIVERSITÁRIO
Avenida Graça Aranha 57 – 12.º andar
Rio de Janeiro – RJ
CEP 20030-002
Tels.: (21) 2240-5481 – 2240-5431 – Fax: (21) 2240-6131
e-mail: cbm@cbm-musica.org.br
Site: http://www.cbm-musica.org.br

CONSERVATÓRIO DE MÚSICA DE NITERÓI
Rua São Pedro 96
Niterói – RJ
CEP 24020-051
Tels.: (21) 2719-2330 e 2717-3545 – Fax: (21) 2717-3545
e-mail: conservatorio@niteroi.net
Site: www.syntonia.com/musica/cmn

CONSERVATÓRIO DRAMÁTICO MUSICAL DE SÃO PAULO
Av. São João 269
São Paulo – SP
CEP 01035-000
Tel.: (11) 223-9231 – Fax: (11) 223-9231
e-mail: cdmsp@cdmsp.edu.br

ESCOLA DE MÚSICA E BELAS-ARTES DO PARANÁ
Rua Emiliano Perneta 179
Curitiba – PR
CEP 80010-050
Tel.: (41) 223-1129 – Fax: (41) 225-3436
e-mail: embap@embap.br
Site: www.embap.br

FACULDADE DE MÚSICA CARLOS GOMES
Rua Paula Ney 521

São Paulo — SP
CEP 04107-021
Tel.: (11) 5081-7445 — Fax: (11) 5081-7331
e-mail: fmcg@fmcg.com.br
Site: www.fmcg.com.br

FACULDADE SANTA MARCELINA
Rua Doutor Emílio Ribas 89
São Paulo — SP
CEP 05006-020
Tel.: (11) 3826-9700 — Ramal 207 — Fax: (11) 3826-9700 — Ramal 209
e-mail: secretaria@fasm.com.br
Site: www.fasm.com.br

FUNDAÇÃO UNIVERSIDADE DO RIO DE JANEIRO — UNIRIO
Avenida Pasteur 296
Rio de Janeiro — RJ
CEP 22290-240
Tel.: (21) 2543-5615 — Fax: (21) 2543-5615
e-mail: proeg@unirio.br
Site: http://www.unirio.br

UNIFIAM-FAAM — CENTRO UNIVERSITÁRIO
Rua Taguá 150 — Prédio 1
São Paulo — SP
CEP 01508-010
Tel.: (11) 3207-0084 — Fax: (11) 3209-4589
e-mail: Depto_normas@fmu.br
Site: www.fiamfaam.br

UNIVERSIDADE DE BRASÍLIA
Campus Universitário Darcy Ribeiro s/n — Reitoria
Brasília — DF
CEP 70910-900
Tel.: (61) 307-2600 — Fax: (61) 272-0003
e-mail: unb@unb.br
Site: http://www.unb.br

UNIVERSIDADE DE SÃO PAULO
Rua da Reitoria 109 — Cidade Universitária
São Paulo — SP
CEP 05508-050
Tel.: (11) 3091-3500 — Fax: (11) 3091-5655
e-mail: gr@edu.usp.br
Site: http://www.usp.br

UNIVERSIDADE DO SAGRADO CORAÇÃO
Rua Irmã Arminda 10-50
Bauru — SP
CEP 17011-160
Tel.: (14) 235-7008 — Fax: (14) 235-7325
e-mail: reitoria@usc.br
Site: http: //www.usc.br

UNIVERSIDADE ESTADUAL DE CAMPINAS
Cidade Universitária "Zeferino Vaz" s/n — Reitoria
Campinas — SP
CEP 13083-970
Tel.: (19) 3289-3000 — Fax: (19) 3289-4683 — 3289-3830
e-mail: boldrini@reitoria.unicamp.br
Site: www.unicamp.br

UNIVERSIDADE ESTADUAL DE GOIÁS
BR. 153 — Km 98
Anápolis — GO
CEP 75001-970
Tel.: (62) 328-1178 — Fax: (62) 328-1179
e-mail: reitor@ueg.rgi.br
Site: www.ueg.br

UNIVERSIDADE ESTADUAL PAULISTA JÚLIO DE MESQUITA FILHO
Alameda Santos 647
São Paulo — SP
CEP 01419-901
Tel.: (11) 252-0217 — Ramal 217 — Fax: (11) 252-0202
e-mail: sena@reitoria.unesp.br
Site: www.unesp.br

UNIVERSIDADE FEDERAL DA BAHIA
Rua Augusto Viana s/n — Palácio da Reitoria
Salvador — BA
CEP 40110-060
Tel.: (71) 245-2811 — Ramal 122 — Fax: (71) 245-2460
e-mail: reitor@ufba.br
Site: http://www.ufba.br

UNIVERSIDADE FEDERAL DE GOIÁS
Rodovia Goiânia–Nerópolis Km 12 — Prédio da Reitoria
Goiânia — GO
CEP 74001-970
Tel.: (62) 521-1063 — Fax: (62) 521 1200
e-mail: reitoria@reitoria.ufg.br
Site: http://www.ufg.br

UNIVERSIDADE FEDERAL DE MINAS GERAIS
Avenida Presidente Antônio Carlos 66.27 — Reitoria
Belo Horizonte — MG
CEP 31270-010
Tel.: (31) 3499-4124 — Fax: (31) 3499-4130
e-mail: gabinete@reitoria.ufmg.br
Site: http://www.ufmg.br

UNIVERSIDADE FEDERAL DO RIO DE JANEIRO
Avenida Brigadeiro Trompowsky s/n — Cidade Universitária
Rio de Janeiro — RJ
CEP 21941-590
Tel.: (21) 2598-9600 — Fax: (21) 2260-1605
e-mail: reitoria@reitoria.ufrj.br
Site: www.ufrj.br

UNIVERSIDADE FEDERAL DO RIO GRANDE DO SUL
Avenida Paulo Gama 110 — térreo
Porto Alegre — RS
CEP 90040-060
Tel.: (51) 3316-3600 — Fax: (51) 226-3973
e-mail: reitoria@vortex.ufrgs.br
Site: www.ufrgs.br

Este livro foi composto na tipologia Filosofia
Regular, em corpo 11/15, e impresso em
papel Offset 90g/m² no Sistema Cameron da
Divisão Gráfica da Distribuidora Record.

Seja um Leitor Preferencial Record
e receba informações sobre nossos lançamentos.
Escreva para
RP Record
Caixa Postal 23.052
Rio de Janeiro, RJ – CEP 20922-970
dando seu nome e endereço
e tenha acesso a nossas ofertas especiais.

Válido somente no Brasil.

Ou visite a nossa *home page*:
http://www.record.com.br